FACULTÉ DE DROIT DE L'UNIVERSITÉ DE TOULOUSE

DE LA

# CAUTION *JUDICATUM SOLVI*

THÈSE POUR LE DOCTORAT

PAR

**Fernand LAMOR**
AVOCAT

TOULOUSE
IMPRIMERIE MARQUÈS & Cie, BOULEVARD DE STRASBOURG, 22

1900

FACULTÉ DE DROIT DE L'UNIVERSITÉ DE TOULOUSE

# DE LA CAUTION *JUDICATUM SOLVI*

THÈSE POUR LE DOCTORAT

PAR

**Fernand LAMOR**
AVOCAT

TOULOUSE
IMPRIMERIE MARQUÉS & Cie, BOULEVARD DE STRASBOURG, 22

1900

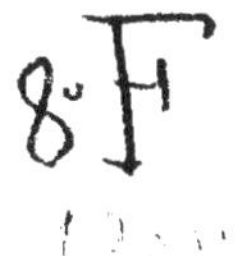

# FACULTÉ DE DROIT DE TOULOUSE

MM. PAGET, ✠, Doyen, professeur de Droit romain.
DELOUME, ✠, professeur de Droit romain.
CAMPISTRON, professeur de Droit civil.
WALLON, professeur de Droit civil.
BRESSOLLES, professeur de Procédure civile.
VIDAL, professeur de Droit criminel.
HAURIOU, professeur de Droit administratif.
BRISSAUD, professeur d'Histoire générale du Droit.
ROUARD de CARD, professeur de Droit civil.
MÉRIGNHAC, professeur de Droit international public et privé.
TIMBAL, professeur de Droit constitutionnel.
DESPIAU, professeur de Législation française des finances et de Législation et Économie industrielles.
HOUQUES-FOURCADE, professeur d'Économie politique.
FRAISSAINGEA, professeur de Droit commercial.
MARIA, agrégé, chargé des Cours d'Histoire du Droit public français et Histoire des Doctrines économiques.
GHEUSI, agrégé, chargé des Cours de Droit maritime et de Droit civil comparé.
HABERT, secrétaire.
HUC, ✠, Conseiller à la Cour d'appel de Paris, professeur honoraire.
POUBELLE, O. ✠, professeur honoraire, ambassadeur.
J. DELOUME, suppléant.
TRINQUAT, suppléant.

Président de la Thèse : M. HOUQUES-FOURCADE.

Suffragants { MM. BRESSOLLES,
TIMBAL.

*La Faculté n'entend approuver ni désapprouver les opinions particulières du candidat.*

# BIBLIOGRAPHIE


Annuaire de l'Institut de droit international.

Annuaire de législation étrangère.

AUBRY et RAU. *Cours de droit civil français*, tome VIII, 4e éd., Paris, 1878.

BACQUET. *Traité du droit d'aubaine*, Lyon, 1744.

BAUDRY-LACANTINERIE et HOUQUES-FOURCADE. *Traité théorique et pratique de droit civil : des Personnes*, Paris, 1896.

DE BELLEYME. *Ordonnances sur requêtes et référés*, 2e éd., Paris. 1844.

BERTIN. *Ordonnances sur requêtes et référés*, tome II, 2e éd., Paris, 1878.

BERRIAT-SAINT PRIX. *Cours de procédure civile*, tome I, 7e éd., Paris, 1855.

BOITARD. *Leçons de procédure*, tome I, 14e éd., Paris, 1885.

BONCENNE. *Théorie de la procédure civile*, tome III, Poitiers, 1834.

BONFILS. *De la compétence des tribunaux français à l'égard des étrangers*, Paris, 1865.

BONNIER. *Eléments d'organisation judiciaire et de procédure*, tome II, Paris, 1848.

BRACTON. *De legibus et consuetudinibus Angliæ*, Londres, 1878.

BROCHER. *Cours de droit international privé*, tome III, Genève, 1885.

Bulletin de la Société de législation comparée.

CARRÉ et CHAUVEAU. *Lois de la procédure civile et commerciale*, tome II.

CLUNET. *Journal du droit international privé.*

DALLOZ. *Répertoire de jurisprudence*, V° : Exception.

DELVINCOURT. *Cours de code civil*, tome I, Paris, 1824.

DEMANGEAT. *Histoire de la condition des étrangers en France*, Paris, 1844.

DEMANTE. *Cours analytique du Code civil*, tome I, Paris, 1849.

DEMOLOMBE. *Cours de Code civil*, tome I, Paris, 1845.

DENISART. *Collection de décisions nouvelles*, tomes IV et XI, Paris, 1783.

DESPAGNET. *Précis de droit international privé*, 2e éd., Paris, 1891.

DURANTON. *Cours de droit civil français suivant le Code civil*, tome I, Paris, 1825.

FENET. *Recueil complet des travaux préparatoires du Code civil*, tome I, Paris, 1827.

FIORE (Pasq.). *Le droit international privé* (trad. Pradier-Fodéré), Paris, 1875.

FOELIX et DEMANGEAT. *Traité de droit international privé*, tome I, 4e éd., Paris, 1866.

GARSONNET. *Traité théorique de procédure*, 2e éd., Paris, 1898.

GERBAUT. *De la compétence des tribunaux français à l'égard des étrangers* (thèse), Nancy, 1882.

LAURENT. *Principes de droit civil*, tome I, Paris et Bruxelles, 1872.

LAURENT. *Le droit civil international*, tome IV, Bruxelles, 1880.

LAURENT. *Avant-projet de révision du Code civil*, tome I, Bruxelles, 1882.

LEGAT. *Code des étrangers*, Paris, 1832.

LE SELLYER. *Exercice et extinction de l'action publique et de l'action privée*, tome I, Paris, 1874.

LITTLETON. *Anciennes lois des Français conservées dans les coutumes anglaises*, Rouen, 1766.

LOCRÉ. *Esprit du Code Napoléon*, tome I, Paris, 1805.

LYON-CAEN. *Condition légale des Sociétés étrangères en France*, Paris, 1870.

MANDY. *La caution* « judicatum solvi » *en droit international privé* (thèse), Paris, 1897.

MARCADÉ. *Eléments de droit civil*, tome I, Paris, 1842

DE MARTENS. *Recueil de traités*, Gottingue.

MASSÉ. *Le droit commercial dans ses rapports avec le droit des gens et le droit civil*, tome II, Paris 1844.

MAYER. *De la caution imposée à l'étranger demandeur* (thèse), Paris, 1890.

PIGEAU. *Commentaire sur le Code de procédure civile*, tome I, Paris, 1827.

PONT. *Les Petits Contrats*, tome II, Paris 1867.

POTHIER. *Œuvres : Traité des personnes*, tome II, Paris, 1778.

DE RIBIER. *Répertoire des Traités*, Paris, 1895 et 1899.

RODIÈRE. *Traité de compétence et de procédure en matière civile*, tome I, 4e éd , Paris, 1875.

ROUARD DE CARD. *L'assistance judiciaire et les étrangers en France*, Paris, 1887.

ROUSSEAU et LAISNEY. *Dictionnaire théorique et pratique de procédure civile*, V° : Caution *judicatum solvi*, 2e éd., Paris, 1886.

Nouvelle revue historique de droit français et étranger.

Revue générale du droit, de la législation et de la jurisprudence en France et à l'étranger.

Revue de droit international et de législation comparée.

Revue politique et parlementaire (année 1895).

Revue de législation et de jurisprudence.

Revue pratique de droit international.

SURVILLE et ARTHUYS. *Cours élémentaire de droit international privé*, Paris, 1890.

THOMINE-DESMAZURES. *Commentaires sur le Code de procédure civile*, tome I, Caen, 1832.

TROCHON. *De la compétence des tribunaux français à l'égard des étrangers* (thèse), Caen, 1867.

VINCENT et PENAUD. *Dictionnaire de droit international privé*, V° : Caution *judicatum solvi*, Paris, 1888.

VINCENT (B.). *Les étrangers devant les tribunaux français*, Paris, 1888.

WEISS. *Traité élémentaire de droit international privé*, 2ᵉ éd., Paris, 1890.

# Introduction

1. — De tous temps, les étrangers ont été l'objet hors de chez eux d'une défiance et d'une défaveur dont on retrouve les traces dans des mesures de rigueur prises contre eux par la plupart des législateurs.

Ces mesures ont généralement pour but de restreindre la jouissance ou l'exercice de certains droits. Nous nous proposons d'examiner, dans cette étude, l'une de ces restrictions.

Alors que tout le monde considère comme étant de droit naturel la faculté de se faire rendre justice par les tribunaux, un grand nombre de législations ont apporté pour les étrangers une entrave au libre exercice de ce droit. Dans notre législation, la matière est réglée par les articles 15 et 16 du Code civil.

2. — D'après l'article 15, « un Français pourra être traduit devant un tribunal de France, pour les obligations par lui contractées en pays étranger, même avec un étranger ». Mais après avoir ouvert à l'étranger l'accès auprès des tribunaux, le législateur a pris des précautions dont le but est d'éviter le mauvais usage de ce droit et de protéger par suite l'intérêt des nationaux. En effet, l'article 16 édicte que : « En toutes matières l'étranger qui sera demandeur principal ou intervenant sera tenu de donner caution pour le paiement des frais et dommages-intérêts résultant du procès ».

Cette caution a reçu le nom de caution *judicatum solvi*, ce qui signifie caution de payer le jugé.

3. — La nécessité de fournir cette garantie, en même temps qu'elle implique une mesure de défiance, apporte une restriction au droit naturel d'ester librement en justice. Certains pays ont compris les inconvénients résultant de cette institution, et pour favoriser le développement des relations internationales, ils ont fait disparaitre de leur législation la caution *judicatum solvi*. Ces pays sont : l'Italie, le Portugal, le Danemark, le Monténégro, la Norwége, le canton d'Appenzell (Suisse), le Congo et la colonie de Victoria (Australie).

4. — Mais la majorité des pays et les plus importants au point de vue de l'influence politique, tout en admettant des exceptions assez nombreuses, consacrent encore l'existence de la caution *judicatum solvi*.

Suivant les principes qui dominent la matière, ces pays forment quatre groupes, ou plutôt formaient quatre groupes, car à raison de remaniements récents apportés à leur législation, l'Autriche et la Russie se rattachent maintenant au second groupe.

5. — Premier groupe : Une première classe de lois permettent de réclamer la caution à l'étranger à raison de son extranéité seule. Le fait qu'il sera domicilié sans autorisation ou résidant depuis longtemps dans le pays du procès, ne le dispensera pas de l'obligation de fournir une garantie. Mais s'il a obtenu du gouvernement l'autorisation d'établir son domicile dans le pays, ou s'il y possède des immeubles, il sera mis sur la même ligne que le national et dispensé par suite dans tous les cas de l'obligation de présenter la caution *judicatum solvi*. Il en sera de même

si des traités lui ont accordé la jouissance des droits civils. Le national et l'étranger qui lui est assimilé seront libérés de la caution, même s'ils résident hors du pays, même s'ils y sont dépourvus de tous biens.

Ce groupe, que l'on peut appeler groupe français, parce que le système du Code civil a servi de modèle aux législateurs étrangers, comprend la France, la Belgique, les Pays-Bas, le Luxembourg, le canton du Tessin, la principauté de Monaco, la Grèce, la Bulgarie, la Serbie et la Suède.

6. — 2° : Le deuxième groupe est celui des lois qui consacrent le principe de la réciprocité législative : ces lois disposent que l'étranger devra ou ne devra pas fournir la caution *judicatum solvi* dans le pays où il a engagé le procès, suivant que le national de ce dernier pays la devra ou sera dispensé de la fournir dans la patrie de l'étranger.

Rentrent dans cette catégorie : l'Espagne, l'Allemagne, l'Autriche, la Hongrie, la Russie et le canton de Fribourg (Suisse).

7. — 3° : Une troisième classe de lois s'attachent à la considération du domicile ordinaire et exigent la caution de toute personne étrangère parfois nationale qui est domiciliée ailleurs que dans l'état du procès. La Roumanie, l'Angleterre, dix-huit cantons suisses, les Etats-Unis, la Colombie, le Canada, la République Argentine, le Brésil, le Chili, le Pérou, le Mexique et le Vénézuéla rentrent dans ce groupe.

8. — 4° : Enfin, dans un quatrième et dernier groupe, comprenant autrefois l'Autriche et la Russie, on ne fait pas de distinction entre les nationaux et les étrangers, et on s'attache avant tout à la solvabilité du demandeur. On

réclame donc la caution, soit du national, soit de l'étranger, qui ne présente pas des garanties suffisantes de fortune.

Enfin, tous ces pays ont, par des conventions internationales très nombreuses, supprimé ou limité l'exigence de la caution *judicatum solvi*.

9. — Notre but est d'étudier le fonctionnement de cette institution, après que nous en aurons recherché les origines et les raisons d'être. Notre étude sera divisée en sept chapitres :

1° Qui peut exiger la caution *judicatum solvi* ?

2° Qui doit la fournir ?

3° Dans quels cas est-elle due ?

4° Dans quels cas y a-t-il dispense de la fournir ?

5° Quand et comment doit-elle être demandée ?

6° Étendue de ses obligations ?

A propos de chacune de ces questions, nous examinerons les législations étrangères dans ce qu'elles peuvent avoir d'intéressant.

7° Après avoir ainsi étudié le fonctionnement de la caution *judicatum solvi*, nous rechercherons, dans un chapitre spécial, les tendances actuelles des législateurs et des jurisconsultes.

Avec la majorité des auteurs qui ont écrit sur la matière, nous conclurons en disant que cette institution constitue une disposition surannée qui doit disparaître de nos Codes ; et que, si tout plaideur mérite d'être protégé contre des attaques téméraires d'un adversaire, il est des moyens moins vexatoires et plus rapides d'assurer cette protection et de donner en même temps plus d'extension, si possible, aux rapports d'affaires entre les diverses nations du monde.

# HISTORIQUE

10. — La caution *judicatum solvi* apparut pour la première fois dans notre ancien droit, vers le milieu du XVIe siècle. Elle fut à ce moment un remède de circonstance, qui devint peu à peu d'une application plus fréquente.

On l'imposa un jour à un étranger qui avait intenté un procès téméraire que l'on sentait perdu d'avance. L'avocat de la partie adverse, afin de sauvegarder les intérêts de son client, avait demandé aux juges s'ils trouvaient légitime qu'un étranger put, dans un procès, occasionner des frais à un Français et, quand le succès lui aurait été contraire, s'en aller tranquillement dans son pays sans rien souffrir ni payer, laissant son adversaire vainqueur chargé de tous les frais occasionnés par le litige. C'est alors, sur l'idée émise par un de ses conseillers, que le Parlement de Paris, dans un arrêt du 4 janvier 1562, admit la nécessité de la caution *judicatum solvi*, sans que cependant aucune loi l'ait consacrée.

Ce fut après sa création qu'on lui chercha des précédents. Sur l'origine de cette institution deux systèmes se sont formés; l'un la rattachant au droit romain, l'autre au droit germanique.

11. — Premier système : Il est incontestable que la dénomination de *judicatum solvi* donnée à la caution est d'origine romaine. Nous trouvons en effet aux Institutes (liv. IV, tit. XI, princ.) ces mots « *quæ satisdatio appellatur judicatum solvi* ».

Cette *satisdatio*, dont il est question aux Institutes, était due au demandeur, elle devait lui assurer que le défendeur ou ses héritiers ne se déroberaient pas au procès, qu'ils n'avaient usé et n'useraient d'aucun dol et qu'ils exécuteraient le jugement. Cette garantie n'était pas due dans tous les cas. Dans le droit antérieur à Justinien, tout défendeur à une action *in rem* devait la caution, sans qu'on distinguât s'il agissait *proprio nomine* ou *alieno nomine*. Dans une action personnelle, le défendeur n'était pas tenu à la caution s'il agissait *proprio nomine*, sauf certaines exceptions basées sur la nature de l'action ou sur le peu de confiance qu'inspirait le plaideur (Gaius. Com. IV, § 102); il en était tenu quand il se présentait au procès *alieno nomine*.

12. — Dans le droit de Justinien, le défendeur n'est jamais tenu de donner caution quand il plaide lui-même, quelle que soit la nature de l'action. Celui qui plaide pour autrui la doit toujours, à moins que le *dominus litis* ne soit présent et ne donne caution pour son procurator.

Nos anciens auteurs, qui rattachaient tout au droit romain, appelèrent caution *judicatum solvi*, la caution qui chez nous devait être fournie, non par le défendeur, mais par le demandeur. Ils voulurent même étendre cette obligation de donner une garantie au défendeur, mais seulement au cas où ce défendeur était un aubain. Cette prétention fut repoussée par un arret du 13 février 1751 : *quia actor voluntarie agit, reus autem ex necessitate se defendit*[1]. Par les différences qui existent entre la caution du droit romain et celle du droit actuel, on voit que malgré son nom, notre institution ne peut être d'origine romaine.

13. — Il y avait cependant une autre caution qui présentait avec la nôtre plus d'analogies que celle dont parlent les Institutes. Elle se trouve dans la Novelle 112 de Justinien, intitulée (*de litigiosis et de decima parte litis ab actore cautela prestanda*).

Cette Novelle qui comprend trois chapitres, édicte dans le second que les juges aient à exiger de tout demandeur la présence d'un fidéjusseur et cela *ad excludendas calomniose moventium intentiones et exeutorum fraudes*. Cette caution se rapproche de la nôtre en ce qu'elle était imposée au demandeur dans le but d'éviter les poursuites frauduleuses ou calomnieuses; elle en diffère en ce que toutes les personnes inspirant peu de confiance, et non pas seulement les étrangers, y étaient soumises. De cette analogie faut-il conclure que notre caution *judicatum solvi* a pour origine celle de la Novelle 112 ? La persistance que nos anciens auteurs mettent à employer les mots *judicatum solvi* ne permet pas de faire cette déduction. Selon leur habitude, à raison de la faveur dont jouissait le droit romain, ils ont appliqué

(1) Bacquet. Traité du droit d'aubaine, chap. 17, n° 3.

à une institution de notre droit un nom qui désignait toute autre chose dans la législation romaine.

14. — Deuxième système : La caution serait d'origine germanique. Pour mieux expliquer cette opinion rappelons brièvement l'organisation de l'Etat et de la famille germaniques.

Des liens puissants enchaînaient à l'époque barbare tous les membres mâles d'une même famille ; leur imposant l'obligation de se soutenir les uns les autres, aussi bien dans la guerre que dans la paix, tant dans les luttes avec l'ennemi que dans les procès avec les particuliers. Ce qui existait dans la famille se retrouvait dans l'organisation de l'Etat, puisque celui-ci n'était qu'une réunion de plusieurs familles. De grandes difficultés se présentaient, par suite de cette solidarité entre les membres d'un même Etat, quand un étranger voulait se faire rendre justice dans un canton étranger. « Je ne suis même pas éloigné de voir là, dit M. Demangeat[1], un reste de l'ancienne organisation germanique et de cette fidéjussion universelle qui garantissait autrefois toute obligation à laquelle pouvait se trouver soumis un homme libre germain ; dès ces temps reculés, le rachimbourg, qui avait pour garant tous les hommes libres du canton, pouvait très bien refuser d'entrer en lice avec le warganens qui réclamait justice et qui n'avait pas réussi à trouver un répondant ». C'est ce que semblent prouver deux passages des lois anglo-

(1) Demangeat, p. 138. Garsonnet, *Traité théorique et pratique de procédure civile*, t. 2, n° 301, note 6.

saxonnes de Canut (*Leges Canuti regis, tit. 32 et 37*). Ces lois datent du règne de Canut II le Grand, c'est-à dire du milieu du XIe siècle et la collection en parut pour la première fois à Copenhague en 1826. Au titre 17 de ces lois, il est parlé d'un étranger, qui ne connaissant personne dans le pays où il voulait plaider, ne put trouver une caution ; il lui était dès lors impossible de poursuivre la réparation du tort qui lui avait été causé et de provoquer son adversaire aux ordalies. M. Demangeat cite encore le chapitre 25 des lois de Henri Ier et le traité de Bracton (*De legibus et consuetudinibus Angliae*) où le même cas est prévu[1].

Il existe encore un recueil de vieilles coutumes anglaises où l'origine germanique de la caution *judicatum solvi* semble se trouver. Ce recueil est intitulé : *Anciennes lois des Français conservées dans les coutumes anglaises, recueillies par Littleton*. L'auteur y énumère six classes de personnes contre lesquelles on n'est obligé de plaider qu'autant qu'elles ont un répondant, et parmi ces personnes il cite le « alien que est nee hors de la ligeance nostre Seignior le Roy[2]. »

15. — L'établissement des Francs dans la Gaule ne changea pas les mœurs et les coutumes des envahisseurs, et la condition des étrangers resta à peu près la même. A l'époque féodale les memes principes furent appliqués, car les coutumes qui étaient en vigueur à cette époque ont

(1) Bracton. Liv. 1, tract. 2, cap. 8.

(2) Littleton, livre 2, chap. 11, section 198.

leur source dans les vieilles institutions barbares. Sous l'influence du droit romain, les étrangers ne sont plus appelés warganei, mais aubains. A cette époque, le seigneur qui habite le château féodal est un petit souverain absolu : parmi ses divers droits, il en est un et presque le plus important, le ban, qui lui confère le pouvoir de juridiction sur toute l'étendue de son territoire. L'étranger, quand il veut plaider devant la justice d'un seigneur autre que le sien, est tenu de donner une caution : cette caution s'appelle *pléges*. « Quant aucuns plède en le cort d'aucun seigneur, auquel il n'est ne hons ne ostes, il doit livrer pléges d'être à droit et qu'il ne travaillera pas celi a qui il veut plaidier en cort de crestiente ; et li pléges doivent estre tels que li Sires, en qui cort li ples est, les puist justicier [1]. »

16. — Voilà des documents précis et concordants qui prouvent bien que la caution *judicatum solvi* a des racines dans le droit germanique et dans le droit féodal qui en est dérivé. Si cette institution d'origine germanique porte un nom romain, la cause en est qu'à l'époque où cette caution était d'application générale, la manie des légistes était de donner à tout une forme romaine [2].

17. — Cette opinion, quoique s'appuyant sur des documents d'une valeur incontestable, se trouve en contradiction avec ce que nous dit Bacquet [3], jurisconsulte d'une autorité indiscutée.

(1) Beaumarchais, Coutume de Beauvoisis, cap. 43, § 32.

(2) Demangeat, p. 138.

(3) Bacquet, *Traité du droit d'aubaine*, chap. XVII, n° 6.

La règle était, suivant son expression, « que le roy devait justice tant à l'étranger qu'au Français. » Cet auteur nous explique l'assimilation du Français et de l'étranger dans les termes suivants : « Anciennement en France *non dabatur cautio judicatum solvi*, ni pour le regard de l'étranger demandeur, ni pour le regard de l'originaire du royaume, suivant la disposition canonique au chapitre *cum deputati, ext. de Judic.* » Il faudrait donc en conclure que le droit canonique, supplantant le droit féodal, aurait établi cette égalité de situation. La tendance de l'Église, en effet, était de rendre tous les hommes égaux, c'est-à-dire ayant les mêmes droits et pouvant les exercer de la même façon ; il est incontestable qu'au moyen âge l'influence de l'Église était considérable.

Le maintien de ces principes d'égalité a duré tant que des inconvénients n'en ont pas résulté. A cette époque, en effet, les transactions avec les étrangers étaient nulles ou du moins bien faibles : le commerce international n'existait pas. De plus, les étrangers qui venaient en France subissaient, malgré le droit canonique, l'application du droit d'aubaine. En présence d'un tel état de choses, on conçoit la rareté des procès entre Français et étrangers.

18. — Il n'en fut plus de même, quand, vers le milieu du XV^e^ siècle, grâce aux sages ordonnances de Louis XI, les relations commerciales devinrent de plus en plus fréquentes. Les procès surgirent et on s'aperçut alors des inconvénients résultant de l'avantage qu'avait l'étranger à pouvoir aisément se soustraire par la fuite aux condamnations qu'il avait encourues. A cet avantage, il fallut

trouver une compensation au profit du regnicole. C'est ce que nous dit Bacquet : « Toutes fois parce que l'exécution « des jugements qu'on obtiendrait serait fort difficile, et « qu'en un moment il se peut retirer du royaume et par ce « moyen rendre les jugements contre lui obtenus illu- « soires et sans effet » et il ajoute (ce qu'il est important de retenir), « aussi que le Français plaidant hors le « royaume, est tenu de bailler caution de payer le jugé, et « qu'il y a pour le aujourd'hui grande multitude d'estran- « gers en France, *quorum fides valde suspecta est*, et qui « plaident hardiment contre les Français : on contraint à « présent les estrangers bailler caution de payer le jugé[1] ». Ce texte de Bacquet nous indique les véritables sources de la caution *judicatum solvi*. Les Français trouvant là un obstacle à leurs relations avec les peuples chez qui elle existait, introduisirent cette institution en France, autant à titre de rétorsion, par haine et méfiance générale contre tout étranger, que par esprit de protection accordée aux Français. Ce qui prouve encore qu'à un moment donné elle devint d'une nécessité pratique, c'est qu'elle fut créée non par voie législative, mais par la jurisprudence. L'arrêt qui consacra la caution *judicatum solvi* fut rendu par le Parlement de Paris le 4 janvier 1562. Bientôt tous les Parlements suivirent cette pratique et l'institution prit graduellement force de loi. Plus tard, elle fut inscrite officiellement dans les coutumes[2].

(1) Bacquet. Chap. XVII, n° 7.

(2) Demangeat. Op. cit., p. 138.

19. — Des traités et de nombreuses ordonnances royales atténuèrent progressivement certaines rigueurs du droit d'aubaine, mais jamais on ne toucha à la caution *judicatum solvi*. La Révolution elle-même, après avoir supprimé le droit d'aubaine et de détraction, n'apporta aucune modification à la législation qui régissait les étrangers se présentant devant la justice française. Elle rétablit même la contrainte par corps qu'elle avait tout d'abord supprimée.

20. — Nous arrivons ainsi à la législation actuelle.

Dans la séance du 6 thermidor an IX, au moment où l'article 8 du projet (art. 14 actuel) vint en discussion devant le Conseil d'État, le consul Cambacérès pensa qu'il était nécessaire de s'expliquer sur le maintien de la caution *judicatum solvi*. Le ministre de la justice se prononça en faveur du maintien, disant que cette caution était « la garantie du citoyen qui plaidait avec un étranger ». C'est donc depuis cette séance que l'on explique l'existence de la caution *judicatum solvi* par une idée de protection accordée au regnicole. Tronchet voulut réserver la discussion pour le Code de Procédure civile et laisser produire leurs effets aux anciennes lois. Cambacérès objecta avec raison qu'un des derniers articles du projet mettait fin aux effets de ces lois[1]. Boulay proposa un article spécial pour la caution *judicatum solvi*; cet article fut adopté le 14 thermidor an IX et inséré sur la proposition du tribun Gary, à la suite de l'article 15, sous le numéro 16[2].

(1) Gerbault. Compétence des trib. franc. à l'égard des étrangers, n° 40. Fenet. Travaux préparatoires du Code civil. Tome 7, p. 13.

(2) Locré. Esprit du Code Napoléon. Tome 2, p. 43, 65, 69, 287 et 315. Fenet, tome 7, p. 13.

21. — L'obligation pour l'étranger de fournir caution, écrite dans l'article 16 du Code civil, se trouva reproduite et précisée dans les articles 166 et 167 du Code de procédure civile.

Art. 16. C. civ. — En toutes matières autres que celles de commerce, l'étranger, qui sera demandeur, sera tenu de donner caution pour le paiement des frais et dommages-intérêts résultant du procès, à moins qu'il ne possède en France des immeubles d'une valeur suffisante pour assurer ce paiement.

Art. 166. C. proc. civ. — Tous étrangers, demandeurs principaux ou intervenants, seront tenus, si le défendeur le requiert avant toute exception, de fournir caution, de payer les frais et dommages-intérêts auxquels ils pourraient être condamnés.

Art. 167. Pr. c. — Le jugement qui ordonnera la caution fixera la somme jusqu'à concurrence de laquelle elle sera fournie : le demandeur qui consignera cette somme, ou qui justifiera que ses immeubles, situés en France, sont suffisants pour en répondre, sera dispensé de fournir caution.

Une loi du 5 mars 1895 a modifié l'article 16 du Code civil dans les termes suivants :

« En toutes matières, l'étranger qui sera demandeur principal ou intervenant sera tenu de donner caution... »

Faisant ainsi disparaître une exception aussi ancienne que l'apparition en France de la caution *judicatum solvi*, exception relative à la matière commerciale.

22. — Il faut donc, sous l'empire de la législation actuelle, envisager cette garantie comme une mesure de protection accordée au Français qui plaide avec un étranger. Ce dernier, que rien ne retient en France, s'il n'y possède pas des immeubles, aurait pu disparaître facilement, et se soustraire ainsi à l'obligation de payer les frais et les dommages-intérêts auxquels il pourra être condamné si sa demande est rejetée. Le Français eût alors été dans la nécessité de supporter ces frais, il se fût ainsi trouvé exposé à de grands dangers; aussi une garantie lui fut-elle accordée, qui lui assurait le remboursement des frais de la défense et la réparation des préjudices causés par une attaque téméraire.

Tel est le véritable motif qui a inspiré les législateurs du Code civil.

## CHAPITRE PREMIER

### Qui peut demander la caution *Judicatum solvi ?*

23. — Ni l'article 16 du Code civil, ni l'article 166 du Code de Procédure civile, qui sont le siège de la matière, ne désignent expressément les personnes qui peuvent exiger la caution. Les commentateurs, s'inspirant du but du législateur, suppléent au silence de la loi. Il résulte des travaux préparatoires du Code civil que tout Français, lorsqu'il est défendeur, peut demander la caution *judicatum solvi*[1]. Cette interprétation n'est l'objet d'aucune contestation ; il importe peu d'ailleurs, que le Français tienne sa qualité de la naissance, du bienfait de la loi ou de la naturalisation ; qu'il habite la Métropole ou les colonies soumises à la législation française. Les indigènes de ces colonies peuvent également, quand ils sont défendeurs, exiger cette garantie, car s'ils ne sont pas citoyens, ils sont du moins Français.

Quant aux habitants des pays soumis au Protectorat français, ils ne peuvent invoquer la disposition de l'article 16, puisqu'ils restent soumis à leurs propres lois.

(1) Aubry et Rau. *Cours de droit civil français*, tome VIII, p. 131, note 21. — Baudry-Lacantinerie et Houques-Fourcade. *Traité théorique et pratique de droit civil.* Des personnes, n° 681. — Laurent. *Principes de droit civil*, tome I, n° 450.

24. — Mais dans les cas où la compétence des tribunaux français est reconnue, l'étranger défendeur peut-il exiger la caution *judicatum solvi* de son adversaire, étranger comme lui ? Il faut ici faire une distinction sur la condition des étrangers en France.

25. — Aux termes de l'article 13 civ. : « L'étranger qui aura été autorisé par décret à fixer son domicile en France y jouira de tous les droits civils ». Cette formule est très large ; aussi décide-t-on généralement que cet étranger pourra exercer tous les droits civils sans exception. Tel est le principe. Il faut y apporter une restriction. Il est, en effet, une catégorie de droits que le législateur accorde au Français à raison de sa seule qualité de Français dans un but de protection dont nous avons parlé. On ne saurait accorder par suite l'exercice de ces droits aux étrangers admis à domicile. Il est parfois assez difficile de déterminer les facultés réservées aux seuls Français ; mais nous pensons que le droit d'exiger la caution *judicatum solvi* est une de ces facultés. Il suffit en effet de lire les travaux préparatoires du Code civil pour se convaincre que cette institution a été établi au profit des Français seuls ; elle ne saurait donc être réclamée par l'étranger dont parle l'article 13 civ.[1]. A *fortiori* un étranger simplement résidant, ne pourrait demander la caution *judicatum solvi*, quelle que fût la durée de sa résidence, fût-elle

(1) Baudry-Lacantinerie et Houques-Fourcade. Op. cit. n° 612. — Aubry et Rau. t. 1, § 79, note 9-14. — Demolombe. *Droit civil*, t. I. n° 226.

même supérieure à celle qui est exigée pour l'admission à domicile [1].

26. — Aux termes de l'article 11 du Code civil, « l'étranger jouira en France des mêmes droits civils que ceux qui sont ou seront accordés aux Français par les traités de la nation à laquelle cet étranger appartiendra. » Cette disposition établit, non la réciprocité législative, mais la réciprocité diplomatique, c'est-à-dire celle qui a sa source dans un traité ou une convention internationale. A notre point de vue, l'étranger ne pourra demander la caution *judicatum solvi* en France, qu'autant qu'un acte diplomatique aura accordé la même faculté au Français dans le pays dont cet étranger est originaire [2].

Mais les étrangers qui ne sont pas sous l'application des articles 11 et 13 pourront-ils invoquer la disposition de l'article 16 du Code civil ? Cette question a fort divisé les auteurs et n'a reçu qu'assez tard une solution décisive de la Cour de Cassation.

27. — Un grand nombre d'auteurs admettent l'affirmative. Tout d'abord, disent-ils, notre solution est conforme à la tradition : un arrêt du Parlement de Paris du 23 août 1571 en avait ainsi décidé; et voici comment un commentateur justifie cette décision : « Les étrangers auxquels on doit justice et protection, lorsqu'ils viennent

(1) Trib. civ. Seine, 4 janvier 1881. — J. Clunet 1881, p. 58.

(2) Paris, 2 juillet 1861, D. 1861-5-196. Aubry et Rau, t. 1, § 79 et t. 8, nº 747 *bis*. — Baudry-Lacantinerie et Houques-Fourcade : Des Personnes, nº 632. — Demolombe, t. 1, nºˢ 241 et 266.

l'implorer en France, n'auraient pas plus de moyens de se faire payer et d'exercer des contraintes l'un contre l'autre qu'un Français qui aurait obtenu des adjudications contre eux. » Un autre arrêt du même Parlement, du 27 mai 1567, que ces auteurs invoquent, décidait que deux étrangers plaidant l'un contre l'autre, étaient tenus de fournir respectivement la caution *judicatum solvi*. C'est dans le même sens que fut rendu d'après Bacquet l'arrêt du 23 août 1571[1].

A l'époque où ces arrêts furent rendus, la jurisprudence n'était tenue par aucune règle sur la matière. Elle avait coutume de soumettre à l'obligation de fournir caution les étrangers plaidant entre eux, qu'ils fussent demandeurs ou défendeurs. C'est l'opinion de Pothier : « Lorsque deux étrangers plaident ensemble, si le défendeur exige du demandeur la caution *judicatum solvi*, il ne peut l'y faire condamner qu'il ne l'offre respectivement de son côté. »[2] Il résulte donc de ces divers témoignages que l'ancienne jurisprudence soumettait à la même obligation de fournir une garantie et le demandeur et le défendeur, quand ils étaient tous les deux étrangers.

Or, l'article 16 du Code civil n'astreint que l'étranger *demandeur* à cette obligation. C'est dire que le législateur de 1804 a voulu s'écarter de l'ancienne doctrine.

28. — Les partisans de la première opinion argumentent encore de la généralité des termes des articles 16 du Code civil et 166 du Code de procédure civile. Ces articles

(1) Bacquet. Op. cit., chap. 17.

(2) Pothier. Op. cit., tit. 2, section 2, n° 2.

ne distinguent pas entre le cas où le défendeur est Français et le cas où il est étranger. A raison de cette généralité, le commentateur n'a pas le droit de faire une distinction que l'on ne retrouve nulle part dans la loi.

Mais il est démontré que l'article 16 et les dispositions qui précèdent ne se rapportent nullement aux procès entre étrangers, mais seulement aux contestations entre Français et étrangers. La discussion qui précéda le vote de ces articles nous prouve que, malgré les réclamations de Cambacérès et de Defermon, on ne voulut point s'occuper dans le Code des contestations entre étrangers[1]. On ne saurait donc, sans dépasser le but du législateur, appliquer l'article 16 à l'hypothèse d'un procès entre étrangers, et conférer par suite au défendeur un privilège que la loi a réservé aux Français seuls.

29. — Nos adversaires invoquent un troisième argument tiré de la place occupée par l'article 16 dans le chapitre intitulé « de la jouissance des droits civils ». Le droit des gens reconnaît aux étrangers le droit de se défendre ; il faut, pour que ce droit puisse être utilement exercé, l'accorder avec tous les attributs qu'il comporte ; la faculté de réquérir la caution *judicatum solvi* est un de ces attributs. C'est, disent-ils, une garantie de la défense et non un droit civil *stricto sensu*.

Nous pensons, au contraire, que la caution de l'article 16 est une institution de pur droit civil, à raison de son caractère de spécialité réservée au Français seul. Les travaux pré-

(1) Fenet, op. cit. p. 14.

paratoires du Code civil nous montrent d'une façon éclatante que l'intérêt des Français fut seul pris en considération. En effet, Tronchet voulut faire ajourner la solution de la question jusqu'à la rédaction du Code de Procédure civile. Cambacérès s'y opposa en faisant remarquer « qu'il y aurait du danger pour les Français à remettre à un temps plus éloigné le soin de leur donner les sûretés résultant de la caution *judicatum solvi.* »

30. — Enfin l'opinion qui restreint en faveur des Français seuls, le bénéfice de la caution *judicatum solvi*, se justifie par la différence existant entre la situation du Français et celle de l'étranger plaidant en France. C'est cette considération qu'a surtout fait valoir la Cour de Cassation dans un arrêt du 15 avril 1842 : arrêt qui a fixé la jurisprudence sur la question [1]. « Attendu que la caution *judicatum solvi* est un privilège de nationalité dont le bénéfice appartient exclusivement, soit aux Français, soit aux étrangers admis à l'exercice des droits civils ;

Qu'il ressort de la discussion qui a précédé l'adoption de cette disposition légale, et de son insertion dans le chapitre du Code intitulé : de la jouissance des droits civils, qu'elle a eu pour unique objet de prémunir le justiciable français, présumé, à raison des liens qui l'attachent au territoire, offrir des garanties personnelles et locales de solvabilité, contre le préjudice éventuel résultant de l'absence de ces garanties de la part de l'étranger demandeur ;

Que cette précaution de la loi en faveur de celle des

(1) Cass. 15 avril 1842. S. 1842, 1, 175.

parties exposées, par l'action de sa partie adverse, aux chances d'une lutte inégale, ne saurait être étendue au cas où deux étrangers, plaidant entre eux, se trouvent placés vis-à-vis l'un de l'autre dans des conditions toutes semblables ; qu'appliquer à ces cas l'article 16 du Code civil, ce serait, au lieu de compenser, comme l'a voulu cet article, l'inégalité de positions existant entre le défenseur et le demandeur, créer, au profit du premier, une inégalité qui n'existe pas, en lui attribuant une sûreté qu'il ne présente pas lui-même. »

31. — La doctrine ainsi consacrée par la Cour de Cassation avait été adoptée par les Cours d'Orléans et de Pau et rallie actuellement la voix d'un grand nombre d'auteurs.

L'opinion opposée, qui accorde à l'étranger le droit de demander la caution *judicatum solvi*, peut invoquer deux arrêts de la Cour de Paris et est encore soutenue par des auteurs d'une grande autorité [1].

32. — La solution adoptée par la Cour de Cassation est consacrée par le projet de loi portant révision des articles 1 à 16 du livre II, première partie du Code de procédure

(1) Orléans, 26 juin 1828, S. 1828, 2, 193 ; Pau, 3 décembre 1836, S. 1836, 2, 363 ; Aubry et Rau, t. 8, n° 747 *bis*, note 22 ; Baudry-Lacantinerie et Houques-Fourcade, Des Personnes, n° 682 ; Demolombe, t. 1, n° 255 ; Laurent, t. 1, n° 450 ; Duranton, *Cours de droit français*, t. 1, n° 166 ; Rodière, *Cours de compétence et de procédure*, t. 1, p. 325 ; Weiss, p. 758 ; Fœlix et Demangeat, *Traité du droit international privé*, t. 1, n° 134 ; Garsonnet, t. II, n° 304 ; Marcadé, *Eléments de droit civil*, t. 2, p. 182 ; Massé, t. 2, n° 249.

*Contrà.* — Boitard, *Leçons de procédure*, t. 1, n° 345 ; Chauveau sur Carré, t. II, quest. 702 ; Brocher, *Cours de droit international privé*, t. III, p. 54 ; Delvincourt, t. 1, p. 30 ; Demante, *Cours de Code civil*, t. 1, n° 30 *bis* ; Thomines-Desmazures, n° 199 ; Huc, t. 1, n° 284 ; Despagnet, *Précis de droit international privé*, n° 280.

civile. Ce projet fut présenté à la Chambre des députés le 19 octobre 1886 par le garde des sceaux.

L'article 166 actuel est remplacé par l'article suivant : « Tous étrangers, demandeurs principaux ou intervenants, sont tenus, si le défendeur français le requiert, avant toute exception, de fournir caution, de payer les frais et dommages-intérêts résultant du procès, auxquels ils peuvent être condamnés. »

33. — Voici, d'ailleurs, quelques cas qui démontrent que la faculté de demander la caution est réservée aux défendeurs de nationalité française. Dans une note qui suit un arrêt de la Cour de Cassation du 16 février 1875[1], arrêt qui a tranché par l'adoption de l'affirmative la question de savoir si un étranger pouvait être tuteur d'un mineur français, M. Labbé estime que, lorsqu'un tuteur plaide exerçant un droit du mineur, c'est le mineur qui est partie en cause et non le tuteur ; c'est donc la nationalité du mineur et non celle du tuteur qui décidera du point de savoir si le défendeur peut exiger une caution.

34. — L'autorisation donnée à un incapable d'ester en justice lui confère-t-elle le droit d'exiger d'un demandeur étranger la caution *judicatum solvi?* La Cour de Lyon a répondu affirmativement dans un arrêt du 26 juin 1873[2] : « Attendu qu'une commune autorisée à défendre contre une demande en justice, l'est, par cela même, à proposer

(1) Cass., 16 février 1875, S. 1875, 1-193.
(2) Lyon, 26 juin 1873, D. 1874, 2-120.

toutes les exceptions qui entrent dans sa défense ; qu'il ne peut y avoir conteste à cet égard quand il s'agit de simples exceptions de procédure, comme l'est celle de la caution à fournir par l'étranger demandeur. »

35. — La Cour de Paris, dans un arrêt du 24 décembre 1880 [1], a décidé que l'exécuteur testamentaire français est fondé à réclamer d'un étranger demandeur la caution *judicatum solvi*, alors même que le testament est fait en faveur d'un étranger, car il est de son droit et même de son devoir d'exercer toutes les actions et d'élever toute exception qui lui appartiennent pour assurer l'exécution du testament.

36. — Cette théorie est admise par la plus grande partie des législations désireuses de protéger leurs nationaux.

La solution opposée est admise par l'Allemagne et l'Autriche et découle de la généralité des termes employés par la loi de ces pays.

La législation du Canada confère à l'étranger la faculté de demander la caution *judicatum solvi*, car il semble jouir dans ce pays de tous les droits civils.

Dans la République Argentine, tout défendeur, habitant dans le pays, peut exiger cette garantie du demandeur argentin ou étranger qui n'habite pas dans la province où le procès se déroule. Il en est de même au Brésil et au Chili.

(1) Paris, 24 décembre 1880, Clunet, 1882, p. 192.

## CHAPITRE II

### Qui doit la caution *Judicatum solvi*.

37. — Dans l'ancien droit, la caution n'était due par l'étranger qu'autant qu'il était demandeur[1]. Certains auteurs, en souvenir du droit romain, voulurent soumettre à cette obligation de garantie l'étranger qui jouait le rôle de défendeur. Cette opinion fut rejetée par la jurisprudence dans les arrêts du 13 février 1581 et du 28 avril 1698. Une exception était apportée à cette règle au cas où le procès avait lieu entre deux étrangers. Par suite tout étranger demandeur devait dans tous les cas fournir la caution *judicatum solvi*, quelle que fut la nationalité du défendeur, sauf la faculté pour lui de l'exiger de ce défendeur s'il était étranger.

Des termes des articles 16 du Code civil et 166 du Code de Procédure, il résulte que pour être tenu de fournir la caution *judicatum solvi*, il faut aujourd'hui remplir ces deux conditions : 1° être étranger ; 2° être demandeur, principal ou intervenant.

38. — Première condition : Il faut être étranger[2]. Dans

(1) Pothier, op. cit. tit. 2, section 2, n° 2. Bacquet, op. cit. ch. 17, n° 3.

(2) Aubry et Rau, op. cit. n° 747 *bis* note 2. Demolombe, t. 1er n° 255. Laurent, t. 1er n° 458. Boitard, op. cit. n° 343.

aucun cas, le Français ne pourra être tenu de fournir la caution, alors que sa prétention serait manifestement mal fondée ou qu'il se trouverait sans ressources. « S'il est fâcheux d'être exposé à dépenser beaucoup sans espoir de recouvrement pour repousser une folle demande, il serait trop cruel de réduire un malheureux, qui pourrait ne pas trouver de caution, à l'impuissance d'invoquer les secours de la loi contre un usurpateur opulent.[1] » La Cour de Limoges repoussait, en ces termes, la prétention d'un défendeur français qui tendait à obtenir une caution d'un demandeur français : « Le tribunal, en accordant à M... la faculté de faire procéder à une vérification par experts, lui a imposé l'obligation de consigner au greffe, dans le délai de huitaine, une somme de cent francs pour faire face aux frais de l'expertise, sous peine d'être déchu de cette faculté; il assujettit M..., au moins pour partie, à la caution *judicatum solvi,* qui n'est imposée par nos lois qu'au plaideur étranger, et tend ainsi à porter atteinte au droit qu'elles assurent à tout Français, quelques restreintes que soient ses facultés pécuniaires, de poursuivre devant les tribunaux ses actions légitimes[2]. »

39.— Le Français sera dispensé de fournir cette garantie tant qu'il n'aura pas perdu sa qualité de Français, soit à suite de naturalisation individuelle, soit à suite d'une naturalisation en bloc (annexion de gré ou de force d'un territoire). Le tribunal de Vesoul a jugé un procès dans lequel

(1) Boncenne, *Théorie de la Procédure civile*, tome 3, p. 174.

(2) Limoges, 14 avril 1846, S. 1847, 2. 316, D. 1847, 1, 239.

se présentait l'hypothèse d'une annexion. L'article 2 du traité de Francfort du 10 mai 1871, dispose que les sujets français originaires des pays cédés, domiciliés actuellement sur ce territoire, qui entendront conserver leur nationalité française, jouiront jusqu'au 1er octobre 1872 et moyennant une déclaration préalable faite à l'autorité compétente, de la faculté de transporter leur domicile en France et de s'y fixer sans que ce droit puisse être altéré par les lois sur le service militaire, auquel cas la qualité de Français leur sera maintenue. — De plus, un rapport présenté à l'Assemblée nationale le 19 juin 1871, rappelait que, conformément aux termes du traité du 10 mai 1871, les Français originaires d'Alsace-Lorraine et domiciliés actuellement dans ces pays, ne perdaient définitivement leur qualité de Français que si au 1er octobre 1872, ils n'avaient fait aucune déclaration. — Le tribunal de Vesoul, tirant argument de ces documents, déclara que le demandeur n'ayant point perdu sa qualité de Français, le défendeur était mal fondé dans sa demande d'une caution *judicatum solvi* [1].

40. — Dans l'ancien droit, le noble comme le roturier, le prince comme le simple particulier étaient soumis à l'obligation de fournir la caution *judicatum solvi*. La règle était générale et ses motifs ne pouvaient admettre de restriction en faveur de l'un plutôt qu'en faveur de l'autre [2].

(1) Vesoul, 19 juillet 1871. D. 1871, 3, 69.

(2) Merlin Rep. loc. cit. § 1, n° 7.

41. — Le titre de souverain lui-même n'emportait pas dispense de fournir caution. Merlin nous en fournit la preuve en rapportant ces décisions :

Le 11 janvier 1777, un jugement contradictoire des requêtes de l'hôtel au souverain, condamna le prince d'Hohenlohe, demandeur, à fournir au prince de Nassau Siegen, défendeur, la caution *judicatum solvi*. Le prince de Hohenlohe se prévalait de sa qualité de souverain, mais il ne fut pas écouté. Le prince de Nassau lui opposait un arrêt assez récent par lequel il avait été jugé que l'ambassadeur d'une cour étrangère à celle de la France est obligé, comme tout autre étranger, lorsqu'il plaide en demandant, de fournir la caution dont il s'agit. Ce jugement fut cassé à la suite de quelque vice de forme ; mais l'affaire ayant été renvoyée à la grande chambre du Parlement de Paris, celle-ci rendit, le 23 mai 1781, un arrêt semblable au jugement. « Pourquoi donc, disait l'avocat-général Séguier, un souverain serait-il exempt ? Il n'est souverain que dans ses États. Sa qualité est, au contraire, un titre de plus pour exiger de lui la caution, puisqu'il ne serait pas possible de mettre à exécution dans ses États les condamnations qu'il aurait encourues. »

L'arrêt qu'invoquait le prince de Nassau avait été rendu le 15 mars 1732 et condamnait le comte de Golowskin, ambassadeur de la czarine, à fournir la caution.

42. — Plus récemment, nous trouvons des décisions semblables dans la jurisprudence étrangère.

En 1837, la Cour de la Chancellerie d'Angleterre se déclara compétente entre don Pedro, empereur du Brésil, demandeur, et Robinson et autres défendeurs : elle imposa à don Pedro la caution *judicatum solvi* exigée en Angleterre de quiconque se porte demandeur et ne réside pas dans le ressort de la Cour saisie du procès [1].

Vers la fin de la même année, le roi de Grèce, Othon Ier, réclama devant les tribunaux anglais 20.000 livres (500.000 francs de dommages-intérêts à un négociant de Londres. Mais le négociant refusa de plaider au fond, avant que le roi, domicilié en pays étranger et ne possédant pas de propriétés en Angleterre, n'ait donné caution pour le montant des frais du procès.

Après avoir entendu sir W. Follet, pour le négociant en justice, Littledale a déclaré qu'un souverain ou un prince étranger devait être soumis aux mêmes lois que les simples particuliers, surtout en matière de commerce, et il a condamné le roi Othon à donner caution pour le montant des frais, malgré les conclusions contraires de l'atorney général [2].

Il a été décidé par la Cour d'appel de New-York que la République du Honduras devait fournir une garantie pour le remboursement des frais du procès. Le Code de Procédure civile de l'État de New-York soumet, en effet, à cette obligation tout demandeur qui ne réside pas dans l'État [3].

43. — Nous ne retrouvons aucune décision semblable dans notre droit ; mais les auteurs admettent générale-

(1) J. Clunet. 1887, p. 349 et 1890, p. 190.

(2) *Journal général des tribunaux*, 24 novembre 1837, p. 1323.

(3) J. Clunet. 1889, p. 899.

ment que les raisons que faisait valoir notre ancienne jurisprudence restent valables de nos jours[1]. En théorie, cette opinion peut être soutenue avec succès ; mais elle est pratiquement inutile. Il existe des cas où des souverains se sont soumis avec la plus grande déférence à des décisions rendues par des arbitres ; il est permis de croire que tout prince qui veut reconnaître la compétence d'un tribunal privé aura à cœur de se soumettre ensuite à la décision de ce tribunal.

44. — Si les souverains, ambassadeurs ou ministres plénipotentiaires ne sont pas dispensés de fournir la caution *judicatum solvi*, à plus forte raison la qualité de consul ou d'agent consulaire ne saurait être une cause d'exemption.

45. — Sous le nom d'étranger, il faut comprendre non seulement les particuliers, personnes physiques, mais aussi les personnes morales, telles que les sociétés[2].

46. — Mais à quel signe reconnaît-on la nationalité d'une société ? Cette question, sur laquelle ne se prononcent ni la loi du 30 mai 1857, ni aucune autre disposition législative, a donné lieu à de nombreuses décisions judiciaires. Le principe généralement admis est qu'elle relève du pays où elle a son principal établissement. Il est vrai

(1) Boncenne. Tome 3, p. 173. — Denisart, Collection de décisions nouvelles, tome 4, p. 327. — Aubry et Rau, tome 8, nº 747 *bis*, note 7. — Gerbaut, nº 46. — Baudry-Lacantinerie et Houques-Fourcade : Des Personnes, nº 675. — Boitard, op. cit., nº 343.

(2) Paris, 9 mai 1865, S. 1865, 2-210, 27 juillet 1875, D. 77, 2, 118. Lyon-Caen. Condition légale des Sociétés étrangères en France, p. 54.

que celui-ci ne se discerne pas toujours sans peine, surtout quand la société a le siège de son administration sur un territoire et celui de son exploitation sur un autre. Voici les principes généralement admis sur la façon dont on détermine la nationalité des sociétés. Il faut distinguer suivant qu'il s'agit d'une société de capitaux ou d'une société de personnes [1].

47. — Dans les sociétés de capitaux, la personnalité des associés s'efface complètement derrière celle de la société. Si en droit on doit s'occuper de leurs apports, en fait ils sont souvent inconnus et peuvent appartenir aux nationalités les plus diverses. On tiendra compte alors pour déterminer la nationalité de ces sociétés, du lieu où elle a son siège social [2]. Dans le doute, la jurisprudence a été cependant amenée à rechercher la nationalité des associés ; on arrive ainsi à connaître le pays avec lequel la société a le plus de lien ; sa nationalité sera alors celle de la majorité des membres qui la composent.

48. — La situation est toute différente quand il s'agit d'une société formée *intuitu persone*. L'existence de cette société se trouve intimement liée à celle des associés, par suite la nationalité de la société serait déterminée par celle des associés. Nous ne partageons point cette manière de voir et nous admettons, avec la jurisprudence, que l'on

(1) Note de M. Chavegrin sur l'arrêt de la Cour de Paris du 4 novembre 1886 S. 1888, 2-89.

(2) Trib. civil de Nevers, 15 décembre 1891. J. Clunet. 1892, p. 1024.

peut fixer la nationalité d'une société abstraction faite de la patrie des associés [1]. Sans doute, la société est atteinte par les faits qui terminent l'existence des associés, ruinent leur crédit ou les rendent incapables, mais cela ne l'empêche pas, tant qu'elle dure, de constituer un être de raison vivant de sa vie propre, ayant souvent un domicile différent de celui de ses associés. D'ailleurs, comment déterminera-t-on sa nationalité quand ses membres appartiendront à des pays différents ? Lui attribuera-t-on celle de son ou de ses gérants ? Et si ceux-ci sont de nationalités diverses, lui conférera-t-on celle de la majorité de ses membres ? Et cette dernière solution acceptée, à quelle majorité aura-t-on égard, à celle du nombre ou à celle de la somme apportée ? Ces difficultés disparaissent si on considère uniquement le siège social comme déterminant la nationalité.

L'opinion adverse nous objecte qu'en se plaçant au point de vue de la caution *judicatum solvi*, le résultat obtenu est injuste, puisqu'on dispensera de cette caution des étrangers agissant comme membres ou représentants d'une société française, alors qu'agissant seuls, ils y auraient été soumis. Nous répondrons que bien rarement la garantie due au Français défendeur fera défaut, car les sociétés dont l'établissement principal sera en France posséderont dans ce pays des biens suffisants pour couvrir les frais du procès et assurer le paiement de dommages-intérêts.

(1) Trib. civ. de Nancy, 13 avril 1883. S. 1888-2-89. Contrà. Trib. civ. de Périgueux, 6 avril 1891. J. Clunet 1891, p. 1183.

49. — La législation monégasque a seule assimilé expressément les sociétés aux individus dans l'article 15, deuxième alinéa, du Code civil.

La jurisprudence allemande admet que leur loi personnelle suit les sociétés étrangères en Allemagne et que leur capacité doit être reconnue quand elle l'a déjà été par la loi de leur pays, d'où elle fait découler le droit d'actionner les Allemands devant les tribunaux allemands sous les mêmes obligations qui peuvent être imposées aux particuliers.

Une société commerciale anglaise, demanderesse devant un tribunal espagnol, ne peut être tenue de fournir la caution *judicatum solvi*, surtout si le demandeur en exception ne prouve pas que de semblables obligations sont imposées aux sociétés espagnoles plaidant en Angleterre [1].

50. — Il n'est pas complètement exact de dire qu'il suffit d'être étranger pour être soumis à l'obligation de fournir la caution *judicatum solvi*. Tous les étrangers ne sont pas soumis à cette nécessité.

Les cas où il n'y a pas lieu à fournir la caution *judicatum solvi* sont fixés par les articles 11 et 13 qui, pour l'exercice de certains droits, assimilent complètement l'étranger au national. Nous renvoyons l'étude de l'article 11 à un chapitre suivant.

51. — Art. 13. (Loi du 26 juin 1889). « L'étranger qui aura été autorisé par décret à fixer son domicile en

(1) Audiencia de Barcelona, 25 novembre 1895, J. Clunet, 1896, p. 905.

France, y jouira de tous les droits civils. » La demande faite par l'étranger de fixer son domicile en France dénote chez lui l'intention de rester dans ce pays et de s'y faire naturaliser Français : l'autorisation de fixer ce domicile n'est accordée qu'après enquête sur la moralité et la solvabilité du requérant. Aussi est-il permis de croire que cet étranger offrira les mêmes garanties qu'un Français ; et la loi lui accorde-t-elle la jouissance de tous les droits civils sauf les dérogations apportées par certaines lois. Aucune modification n'ayant été apportée à l'article 13 relativement à la caution *judicatum solvi*, l'article 16 étant une mesure d'exception et devant être interprété restrictivement, il est tout naturel que la doctrine et la jurisprudence soient d'accord pour dispenser de l'obligation de fournir caution l'étranger autorisé à fixer son domicile en France[1]. Mais pour bénéficier de cette faveur, l'étranger doit avoir une autorisation régulière. Seraient insuffisants un domicile de fait pour si long qu'il fût, la création d'un établissement commercial ou industriel ou tous autres faits qui facilitent l'acquisition de la nationalité. On ne peut se prévaloir de la demande formée, car celle-ci peut être rejetée. Mais l'étranger pourra se prévaloir de l'autorisation pour repousser l'exception *judicatum solvi*, dès qu'il l'aura obtenue, serait-elle postérieure à l'introduction de l'instance.

52. — Dans le groupe de législations qui adoptent le

(1) Aubry et Rau, loc. cit., note 15. — Boncenne, t. 3 p. 180. — Carré et Chauveau, question 701. — Duranton, t. 1er, n° 165. — Demolombe, t. 1er, n° 266. — Bonfils n° 112. — Massé, t. 2, n° 246. — Boitard, op. cit., n° 346.

Bordeaux, 29 mai. D. 1839, 2, 207.

système français, la Belgique, le Luxembourg, le canton du Tessin, la principauté de Monaco (art. 13, Code civil) établissent la même exception.

53. — Mais il est un groupe qui a fait du domicile la base de la dispense de toute caution, sans distinction parfois de nationalité ou de solvabilité[1]. Dans ce groupe, la pensée dominante du législateur a été la suivante : le danger que faisait courir au défendeur, la possibilité de s'enfuir qu'avait le demandeur étranger ne se présentera pas ici : ce demandeur a dans le pays des intérêts considérables qui l'y retiennent, ou, s'il prend la fuite, couvriront les frais résultant du procès : pourquoi alors exiger de lui une caution qui ferait double emploi avec les garanties qu'il a entre ses mains ?

L'article 106 du Code de procédure roumain décide que l'étranger demandeur principal ou intervenant devra fournir caution. Aux termes de l'article 87 du Code civil roumain, le domicile de l'étranger résulte non d'une autorisation du gouvernement, mais du fait que cet étranger aura dans le pays le lieu de son principal établissement.

L'acticle 213 de la loi organique du tribunal fédéral suisse oblige tout demandeur devant ce tribunal à fournir la caution *judicatum solvi* quelle que soit sa nationalité, s'il n'a pas de domicile fixe en Suisse. Une grande partie des cantons suisses ont adopté la même législation dans les limites de leur ressort. Ce sont : Argovie (art. 390) ; Bâle,

(1) J. Clunet, 1898, p. 842.

campagne (art. 68); Bâle, ville (art. 44); Berne (art. 49); Fribourg (art. 76); Genève (art. 63); Glaris (art. 40); Lucerne (art. 277); Neufchâtel (art. 104); Saint-Gall (art. 50); Schaffhouse (art. 143); Schwitz (art. 62); Soleure (art. 2); Thurgovie (art. 101); Uri (art. 40); Unterwald (art. 21); Vaud (art. 84); Zurich (art. 265).

La législation anglaise astreint l'étranger à fournir la caution *judicatum solvi*, quand il ne réside pas en personne dans le royaume.

Aux Etats-Unis, tout demandeur sans distinction de nationalité, qui n'est pas domicilié dans l'Etat, doit la caution *judicatum solvi*.

Les articles 2, 3, 4, 5 et 6 de la loi 145 (26 novembre) de 1888, de la République Colombienne distinguent les étrangers domiciliés des étrangers passants (*transeuntes*). Les premiers sont ceux qui ont l'intention expresse ou présumée de demeurer dans le pays et jouissent en Colombie des mêmes droits que ceux qui sont accordés aux Colombiens par les lois de la nation à laquelle ils appartiennent. La volonté du législateur colombien d'ouvrir l'accès de ces tribunaux aux étrangers résulte de l'article 14 de la loi 145 de 1888, ainsi conçu : « Les autorités de la République étant instituées pour protéger et défendre toutes les personnes résidant en Colombie, les biens, droits et actions des étrangers seront protégés par les mêmes juges, tribunaux et autorités administratives qui défendent ceux des nationaux. »

L'étranger jouit au Canada de tous les droits civils quelle que soit la loi de son propre pays; il est à tous les points de vue mis sur la même ligne que le national. Mais il doit, à moins d'être résidant dans le pays, fournir la caution *judicatum solvi* dans toute action qu'il intente, que son adversaire soit étranger ou national.

L'article 26 de la Constitution de 1860, de la République Argentine, déclare que les étrangers jouissent de tous les droits civils du citoyen. Dans les droits qu'elle confère, la loi ne s'occupe que du domicile, négligeant la question de nationalité. La République Argentine est une fédération : chacune des quatorze provinces qui la composent règle comme elle l'entend son organisation judiciaire dans les limites de son territoire. Mais il est de règle générale que le plaideur qui intente un procès dans une province autre que celle où il est domicilié sera tenu de fournir la caution *judicatum solvi*, quelle que soit sa nationalité.

Au Brésil, une loi du 10 juillet 1850 a rétabli la caution *judicatum solvi* que le règlement provisoire du 29 novembre 1832 pour l'administration de la justice civile avait aboli. Elle est due indistinctement par tout demandeur, brésilien ou étranger, résidant hors de la République ou s'absentant pendant le procès.

La législation péruvienne établit une distinction capitale entre les *vecinos* ou étrangers domiciliés et les *transeuntes* ou étrangers de passage. Les premiers jouissent de tous les droits civils, exception faite pour ceux qui sont expressément réservés aux Péruviens. L'article 55 du Code civil péruvien décide que les *transeuntes* ne jouissent pas de ces droits. Ils ont seulement droit à la protection de leurs personnes et de leurs biens. L'article 153 du Code de procédure civile décide en outre que ces étrangers, s'ils n'ont pas de biens *conocidos*, peuvent être tenus de fournir caution pour le résultat des procès dans lesquels ils sont demandeurs. Cette caution porte le nom de caution de *resultas*.

L'étranger demandeur est dispensé de fournir caution, quand il est domicilié dans le pays, par l'article 574 du Code de Procédure civile de 1872 du Mexique et par l'article 250 du Code de Procédure du Vénézuéla.

54. — L'étranger admis en France au bénéfice de l'assistance judiciaire est-il dispensé de l'obligation de fournir la caution *judicatum solvi ?* La majorité des auteurs et la jurisprudence lui refusent cette faculté [1].

Il semble cependant que cette dispense concorderait bien avec le but de l'assistance judiciaire gratuite : qui exonère le bénéficiaire du paiement de certains frais du procès. M. Rouard de Card fait remarquer que l'assistance judiciaire ne modifie pas les relations de l'assisté avec la partie adverse, par conséquent l'obligation dont il est tenu envers elle doit demeurer intacte [2].

Voici d'ailleurs les motifs que l'on fait valoir à l'appui de cette opinion, motifs que l'on trouve dans un jugement du tribunal de Soissons du 28 août 1861 [3]. « Attendu qu'aux termes de l'article 166 du Code de Procédure civile, tout étranger demandeur principal ou intervenant est tenu, si le défendeur le requiert, avant toute exception,

(1) Aubry et Rau, loc. cit., note 8. — Baudry-Lacantinerie et Houques-Fourcade : Des Personnes, nº 675. — Fœlix et Demangeat, t. I, nº 143, note A. — Weiss, p. 761. — Bonfils, op. cit, nº 146.

(2) Rouard de Card. L'assistance judiciaire et les étrangers en France, p. 18.

(3) Trib. civ. de Soissons, S. 1861-2-633.

de payer les frais et dommages-intérêts auxquels il pourrait être condamné, que L... étant étranger, M... et L... sont fondés à réclamer de lui la caution *judicatum solvi* ; que L... prétend qu'ayant obtenu l'assistance judiciaire, ce serait, par un moyen indirect, le priver de cette faveur de la loi que de le contraindre, dans son état d'indigence constatée, de fournir caution ; attendu que la loi du 22 janvier 1851 sur l'assistance est toute favorable aux indigents admis à l'assistance, ne dispose en aucune façon des droits et obligations des parties qui sont dans l'instance et qui ne jouissent pas de la même faveur ; que si la loi du 22 janvier 1851 peut être applicable aux étrangers, elle n'a par aucune disposition restreint les droits des regnicoles qui ont à plaider contre eux ; qu'au nombre de ces droits se trouve la disposition de l'article 166 du Code de Procédure civile ; que M... et L... sont donc bien fondés à requérir de L.... qui est étranger, une caution destinée à les garantir des avances que, par suite de l'action qu'il leur intente, ils sont dans l'obligation de disposer... »

55. — Il est regrettable que la législation française n'ait pas adopté le principe consacré par de nombreuses législations étrangères. Avec la jurisprudence actuelle, il arrivera fréquemment que la protection de l'indigent sera nulle, puisque autorisé à plaider sans bourse délier, il ne sera pas moins tenu, au seuil du procès, à avancer une somme presque toujours supérieure à ses moyens. Nous verrons plus loin que quelques traités ont, dans une certaine mesure, remédié à cette situation bizarre et déplorable.

56. — Ont adopté un système différent, les législations suivantes :

L'Allemagne. L'article 107 du Code de Procédure civile allemand dispose : « Par la concession de l'assistance judiciaire, la partie obtient :

1° . . . . . . . . . . . . . . . . . . .

2° La dispense de la caution pour les frais de l'instance ».

Il est vrai que les étrangers ne peuvent obtenir le bénéfice de l'assistance judiciaire qu'autant que la réciprocité est assurée aux Allemands dans le pays auquel appartient l'étranger qui demande l'assistance.

L'Autriche, article 77 du Code de Procédure civile.

La Suisse, dans la plupart de ses cantons.

57. — Que faut-il décider dans le cas où le demandeur français devient étranger au cours du procès? La caution devant être demandée dès le début de l'instance, il faut distinguer suivant que le défendeur a eu ou n'a pas eu connaissance du changement de nationalité.

*a*. Le défendeur pourra opposer son exception dès qu'il aura eu connaissance du changement de nationalité, quelle que soit la phase où se trouve le procès, serait-ce au moment où les juges vont prononcer le jugement.

*b*. S'il a ignoré le changement, il ne pourra certainement pas invoquer l'exception et prévenir ainsi les dangers auxquels il se trouve exposé. On pourra parfois, il est vrai, mettre son ignorance au compte de sa négligence ; connaissant la mauvaise foi du demandeur, il aurait dû surveiller plus attentivement ses actes[1].

Dans une hypothèse différente, la cour de Rouen a décidé que lorsqu'un jugement a condamné un étranger à fournir la caution *judicatum solvi*, et que celui-ci est devenu Français par la naturalisation avant que le jugement ait acquis l'autorité de la chose jugée, la Cour saisie de l'appel doit décharger cet ancien étranger de la nécessité de fournir caution[2].

Parmi les législations étrangères, une seule vise l'hypothèse que nous venons d'exposer. Cette disposition législative fait l'objet de l'article 103 du Code de Procédure civile allemand, ainsi conçu :

« Art. 103. — Le défendeur peut également exiger la caution, lorsque, au cours de la contestation, le demandeur perd la qualité d'Allemand..... »

En résumé, sont seuls soumis à l'obligation de fournir caution les étrangers auxquels les articles 11 et 13 sont inapplicables.

58. — Deuxième condition. L'étranger doit être demandeur[3]. On peut être demandeur principal ou demandeur intervenant. Occupons-nous de la première hypothèse.

Voici comment s'exprime Merlin à ce sujet. Après avoir dit que l'obligation pour l'étranger de fournir caution était

(1) Trib. civ., Bruxelles, 25 février 1876, J. Clunet, 1878, p. 510.

(2) Rouen, 2 avril 1892, J. Clunet, 1892, p. 898.

(3) Aubry et Rau, t. VIII, n° 747 *bis*. — Baudry-Lacantinerie et Houques-Fourcade : Des Personnes, n° 676. — Demolombe, t. I, n° 255. — Gerbaut, n° 53.

une maxime constante et universelle[1] : « Il y a pourtant quelques exceptions à cette maxime. La première est pour l'étranger qui plaide en défendant. On conçoit très bien que le sujet d'une domination étrangère qui vient dans nos tribunaux former une demande contre un de nos concitoyens ne doit pas être écouté, tant qu'il n'a pas donné à celui-ci des sûretés pour le recouvrement des condamnations qu'il essuiera si sa demande est rejetée. — Mais si au lieu de demander, il ne fait que se défendre ; si, au lieu de venir troubler le repos des Français, il se borne à repousser leurs attaques : si, au lieu du rôle toujours défavorable d'agresseur, il n'emploie que la faculté si juste et si naturelle d'écarter par ses réponses les condamnations que l'on provoque contre lui ; alors, plus d'obligations pour lui de tranquilliser son adversaire sur le recouvrement de ses frais, plus de caution *judicatum solvi* ». Ce que l'on résume en cette maxime : « *Actor voluntarie agit, reus autem ex necessitate se defendit* ».

Cette idée ne concorde guère avec les motifs qui ont fait adopter la caution *judicatum solvi*. On se souvient des paroles du ministre de la justice, lors de la discussion du Code civil. Puisqu'on a voulu créer une garantie au profit du Français contre l'étranger, on aurait dû faire œuvre complète de protection et soumettre à l'obligation de fournir caution l'étranger tant défendeur que demandeur.

59. — Qu'entend-on par demandeur ? Celui-là seul est

(1) Merlin, Rep., v° : Caut. *Judic. sol.*, § 1, n° 2.

considéré comme demandeur qui a introduit l'instance. Une grande partie des auteurs considèrent que l'étranger demandeur en première instance, conservera toujours cette qualité dans les instances suivantes. Nous verrons plus loin que la jurisprudence française est d'une opinion moins absolue et que, suivant le rôle joué par l'étranger, elle le considère comme défendeur ou comme demandeur.

60. — Il est certaines espèces à propos desquelles on s'est demandé si l'étranger, quoique ayant l'apparence d'un demandeur, devait réellement la caution *judicatum solvi*. En effet, l'énonciation nominale des qualités que prennent les plaideurs, en se présentant devant les juges, n'exprime pas toujours exactement leur situation dans l'instance. Suivant l'expression de Boncenne [1], il ne faut pas s'en tenir à *l'écorce du mot*.

On considère comme moyen de défense la demande reconventionnelle formée par l'étranger défendeur [2]. Cette opinion se trouve établie positivement dans les législations allemande (art. 102, 2°, C. de Proc. civ.), autrichienne (art. 57, 4°, C. de Proc. civ. nouveau), hongroise (loi du 1er novembre 1893).

62. — L'étranger, qui fait opposition à une saisie de de ses meubles, doit-il être considéré comme demandeur

(1) Boncenne, t. 3, p. 177.

(2) Paris, 20 avril 1878, Clunet, 1878, p. 159.

Aubry et Rau, loc. cit., note 3. — Baudry-Lacantinerie et Houques-Fourcade, op. cit. n° 677. — Gerbaut, n° 53. — Boitard, op. cit., n° 343. — Demante, t. 1, n° 30 *bis*.

ou comme défendeur? Voici dans quel sens la Cour de Nancy a résolu la question : « Si D..... fils (l'étranger qui fait opposition) peut se dire locataire des lieux dans lesquels la saisie a été pratiquée, les meubles saisis sont censés appartenir, non à son père, mais à lui, aux termes de l'article 2279; en opposant la saisie de ces meubles, il ne fait que se défendre, et en se défendant, il se défend *ex necessitate* contre une attaque, contre un trouble qui l'oblige à ester en justice; d'où la conséquence qu'il ne doit pas la caution *judicatum solvi*, la caution *judicatum solvi* n'étant due que par l'étranger qui, volontairement, intente un procès aux conséquences duquel il serait trop facile d'échapper si cette caution ne donnait à son adversaire une rassurante et préalable garantie [1]. »

63. — La demande en nullité ou en main-levée d'une saisie sera également un moyen de défense, quoique se présentant sous la forme d'une demande en justice [2]. Mais l'étranger locataire qui demanderait contre son propriétaire la restitution des meubles que celui-ci détient en vertu de son droit de gage, sera tenu de fournir caution [3].

64. — Mais de ce que l'étranger qui demande la nullité d'une saisie doit être considéré comme défendeur et

(1) Nancy, 9 mars 1872, D. 1872, 2, 23.

(2) Merlin, Rép. § I, n° 3. Aubry et Rau, loc. cit., note 5. — Baudry-Lacantinerie et Houques-Fourcade, op. cit., n° 677. — Garbaut, n° 54 *bis*. — Boncenne, *Théorie de la médecine*, t. 3, p. 177 et 178. — Massé, 72, n° 237.

Rennes, 8 janvier 1889. J. Clunet, 1891, p. 911.

(3) Trib. civ. Versailles, 31 décembre 1875. J. Clunet, 1877, p. 224.

dispensé de la caution, faut il en conclure que celui qui procède à une saisie est un demandeur soumis à l'obligation de fournir une garantie. Merlin distinguait suivant que l'étranger saisissant agissait en vertu d'un titre non paré ou en vertu d'un titre exécutoire. Dans le premier cas, il le soumettait à l'obligation de fournir caution, dans le second cas, il l'en dispensait, considérant que la partie saisie, étant présumée débitrice, était censée avoir entre ses mains un gage suffisant pour répondre des condamnations qu'elle pourrait obtenir. Il est évident que l'étranger, qui veut faire déclarer une saisie bonne et valable, forme une demande principale, introductive d'instance, ce qui autorise le Français à exiger de lui qu'il donne caution pour les dépens et les dommages intérêts auxquels il pourra être condamné, si la saisie est déclarée irrégulière ou mal fondée. Mais le Français ne pourra pas opposer l'exception de l'article 16 du Code civil à l'étranger porteur d'un titre exécutoire, car cet étranger ne demande rien ; son titre affirme son droit et contient l'ordre du chef de l'État aux officiers par lui préposés de prêter leur ministère à l'exécution du titre lorsqu'ils en seront régulièrement requis. Sera également considéré comme défendeur, l'étranger qui fera pratiquer une saisie pour l'exécution d'un jugement rendu à son profit, car dans ce cas, il ne forme pas une demande principale, mais poursuit seulement la réalisation des résultats de cette demande[1].

(1) Massé, t. 2, n° 240. — Boitard, n° 136, p. 120. — Chauveau sur Carré, t. 2, question 698. — Duranton, t. 1, n° 164, p. 105.

65. — Plusieurs décisions judiciaires ont déclaré que l'étranger serait dispensé de fournir caution quand, arrêté, il aura demandé la nullité de son arrestation, même si, en demandant cette nullité, il conclut à des dommages-intérêts. Le tribunal de la Seine considère, en effet, que la demande en élargissement est une défense à l'arrestation [1]. La majorité de la doctrine est dans ce sens, et c'est la solution la plus conforme à la justice et à la vérité.

66. — On ne saurait non plus assimiler à une demande principale, une demande tendant à faire opposition à une ordonnance d'exéquatur obtenue par un Français [2].

Si c'est l'étranger qui demande à la justice française l'exéquatur d'un jugement qu'il a obtenu en pays étranger contre un Français, il devra fournir la caution *judicatum solvi*; il n'y a à s'occuper en effet, en conservant aux parties leur rôle respectif, que de l'instance française dont les frais doivent être garantis [3].

67. — Nous avons supposé jusqu'ici que le procès n'avait donné lieu qu'à une seule instance. Mais il se peut que le jugement soit frappé d'appel. Quelles sont, dans ce cas, les

(1) Aubry et Rau, loc. cit., note 6. — Boncenne, op. cit., t. 3, p. 177. — Gerbaut, nº 56. — Massé, t. 2, nº 238. — Bonfils, nº 135. — Fœlix, t. 1, nº 190. — Trib. civ. Seine, 22 octobre 1831, S. 1831-2-327. — Paris, 24 avril 1849, D. 1849-2-222. — Contrà, Paris, 20 octobre 1831. — Dalloz, Rép. Vº Exceptions, nº 65, note 4.

(2) Aix, 11 février 1875. — Clunet, 1876, p. 104.

(3) Chambéry, 26 février 1894. — J. Clunet, 1896, p. 580. — Nancy, 1877, D. 1878-2-109. — Brocher, t. 3, p. 52.

règles applicables en ce qui concerne la caution *judicatum solvi* ?

La demande de la caution pouvait-elle être formée en appel pour la première fois ? Cette question, fort discutée de nos jours encore, n'avait pas été résolue dans l'ancien droit. A ce moment, il était seulement certain que le défendeur pouvait user de son droit au second degré, quand il l'avait déjà exercé en première instance.

68. — D'après la législation qui nous régit, il est évident que l'étranger qui joue le rôle de défendeur devant chacune de ces juridictions ne sera jamais tenu de fournir la caution.

Supposons que l'étranger défendeur en première instance devienne appelant. La majorité des auteurs et une jurisprudence constante admettent que cet appel n'est que la continuation de la défense et que la prétention de l'intimé d'exiger la caution est inadmissible, puisqu'elle priverait d'un second degré de juridiction et par suite du droit de poursuivre sa défense jusqu'au bout un étranger qui est peut-être dans l'impossibilité de trouver cette caution. L'ancienne jurisprudence était dans ce sens. Nous en trouvons la preuve dans un arrêt du Parlement de Paris du 16 janvier 1710 [1].

M. Jaccoton a combattu cette opinion, disant que dans l'appel le rôle des parties est interverti, que le défendeur

(1) Merlin, V° caution *judicatum solvi*, § 1, n° 4. — Aubry et Rau, loc. cit. note 1. — Demolombe, t. 1, n° 255. — Boncenne, t. 3, p. 179. — Massé, t. 2. 242 — Fœlix, t. 1, n° 139. — Dalloz, Rep. V° Excep, n° 58. — Limoges, 20 juillet 1832, S. 1832, 2-594.

devient demandeur ; par suite, comme la caution *judicatum solvi* est imposée à tout demandeur sans distinction, l'appelant devra la fournir.

L'étranger demandeur devant les juges du premier degré a obtenu gain de cause : le Français qui jouait le rôle de défendeur fait appel. L'étranger joue alors le rôle d'intimé : il se défend contre l'appel. D'après quelques auteurs, l'étranger intimé continue à soutenir sa demande primitive, et devra, par suite, donner caution de payer le jugé [1].

Nous pensons, au contraire, que l'étranger est réellement constitué défendeur par l'appel interjeté et que sa défense ne doit pas être entravée par la nécessité de fournir une caution [2].

69. — Les mêmes règles seront applicables au pourvoi en cassation et à la requête civile : mais tous les auteurs ne partagent pas cette opinion [3].

70. — Les législations étrangères sont unanimes à ne soumettre à la nécessité de donner une garantie que celui qui est demandeur.

71. — Nous ne nous sommes occupés que du demandeur principal, c'est-à-dire de celui qui a été partie au

(1) Merlin. Rep. loc. cit., § 1, n° 4. — Boncenne, t. 3, p. 179. — Bonfils, n° 139. — Dalloz. Rep. loc. cit., n° 59.

(2) Demangeat, sur Fœlix, t. 1. n° 139, note a.

(3) Dalloz, Rep. loc. cit. n° 69. — Massé, t. 2, n° 733. — Contrà. Demolombe, t. 1, n° 255.

procès depuis le début de l'instance. Or, les articles 16 du Code civil et 166 du Code de Procédure civile soumettent à l'obligation de fournir la caution *judicatum solvi* l'étranger intervenant. Le législateur désigne par ces mots, celui qui vient s'engager dans une instance déjà pendante entre deux plaideurs, soit qu'il vienne assister volontairement l'un d'eux, soit qu'il y soit contraint par l'une des parties. Si l'étranger vient assister le défendeur, son intervention, qu'elle soit volontaire ou forcée, sera considérée comme un acte de défense, et la nécessité de fournir caution n'existera pas. Si au contraire il est venu assister le demandeur, il faut faire une distinction. L'étranger devra la caution, s'il est intervenu spontanément dans son intérêt particulier ou dans l'intérêt du demandeur, sans qu'il ait été appelé en cause par l'une ou l'autre des parties. Autrement il serait défendeur à la demande d'intervention et par suite dispensé de fournir caution [1].

(1) Delvincourt, t. 1, p. 26, n° 5. — Chauveau et Carré, t. 2, question 697. — Gand, 1er juillet 1875. Clunet, 1878, p. 510.

## CHAPITRE III

### Dans quels cas est due la caution *Judicatum solvi.*

72. — Dans l'ancien droit, elle était due en matière civile et en matière criminelle[1].

« En toutes matières, l'étranger qui sera demandeur principal ou intervenant sera tenu de donner caution..... » Art. 16, Code civil.

En présence de la généralité des termes de cet article, il est généralement admis que la caution *judicatum solvi* peut être exigée à tous les degrés[2]. Quelques auteurs ont soutenu cependant qu'elle ne pouvait être exigée que devant les tribunaux inférieurs.

73. — Pour soutenir cette théorie, ils argumentent de la place occupée par l'article 166 du Code de procédure civile. Cet article est inscrit au livre II intitulé « Des Tribunaux inférieurs », tandis que semblable disposition ne se retrouve pas au livre III qui s'occupe des tribunaux d'appel. Cette argumentation est spécieuse ; le principe de la caution *judicatum solvi* se trouve inscrit à l'article 16

(1) Bacquet. Op. cit. ch. 17, n° 1.

(2) Fœlix, T. I, n° 137. — Bonfils, Op. cit., n° 143. — Dalloz, Rép. loc. cit., n° 70.

du Code civil, et celui ci ne faisant aucune distinction, il faut décider que la caution est due devant tous les degrés de juridiction.

74. Elle sera due également devant n'importe quel ordre de juridiction, civile, administrative, commerciale ou répressive [1].

Aucune hésitation ne s'est jamais trahie dans la pratique quand le procès était porté devant un tribunal civil ou un tribunal administratif. Le Conseil d'État, par arrêt du 23 février 1820 [2], a décidé que l'étranger qui voulait faire réformer par lui une décision ministérielle devait fournir la caution.

75. Mais des opinions opposées se sont produites sur la question de savoir si la garantie édictée par l'article 16 du Code civil devait être fournie devant les tribunaux de répression.

La première opinion nie formellement la nécessité d'une caution : les dispositions du Code civil ne peuvent être étendues aux matières criminelles régies par une législation spéciale ; l'article 1er du Code d'instruction criminelle décide que « l'action en réparation du dommage causé par un crime, par un délit ou par une contravention peut être exercée par tous ceux qui ont souffert de ce dommage » ; il ne faut pas aller plus loin que la loi qui

(1) Dalloz, Rep., Vo Exception, no 74, note 1.

(2) Aubry et Rau, Loc. cit, note 10. — Demolombe, T. I, no 256. — Gerbaut, no 63.

n'établit aucune distinction entre Français et étrangers ; obliger l'étranger demandeur devant les tribunaux de répression à donner cette garantie, c'est faire obstacle à la faculté accordée à tous de poursuivre en dommages-intérêts les auteurs d'un crime ou d'un délit qui a porté préjudice.

Mais les motifs qui ont fait édicter l'article 16 existent aussi bien en matière criminelle qu'en matière civile. Les poursuites téméraires des étrangers méritent d'autant plus d'être écartées, qu'elles compromettent non seulement la fortune mais encore l'honneur de ceux qui les subissent.

Quant à l'article premier du Code d'instruction criminelle, il n'est que le corollaire de l'article 1382 du Code civil, lequel ne déroge nullement à l'article 16.

Nous reconnaissons que la faculté de se faire indemniser d'un dommage est un droit naturel. Or, aux termes de l'article 3 du Code d'instruction criminelle, l'action en réparation de ce dommage peut être portée aussi bien devant les tribunaux répressifs que devant les tribunaux civils. La partie demanderesse devrait la caution devant cette dernière juridiction ; pourquoi en serait-elle dispensée devant la juridiction répressive alors que le but de sa demande est le même ?

76. — D'après une seconde opinion, il faudrait distinguer selon que l'on plaide au criminel ou au correctionnel. « S'il s'agit d'une action au grand criminel, l'action publique appartient au ministère public seul. L'étranger porte sa plainte. S'il veut de plus se porter partie civile, il devra donner caution, parce que évidemment sa demande n'aura

pour but qu'un intérêt pécuniaire. Mais, en matière correctionnelle, si, sur la plainte de l'étranger, le ministère ne poursuit pas, ou que cet étranger veuille assigner directement le prévenu, aucune caution ne peut être demandée[1] ».

Nous pensons qu'il n'est pas permis au commentateur de faire une distinction que l'on ne retrouve nulle part dans la loi.

77. — Nous arrivons à la troisième opinion, suivant laquelle la caution *judicatum solvi* est due, même en matière criminelle. Quoique opposés, en principe, à cette institution, c'est à cette théorie que nous nous rattacherons, car elle est l'expression la plus exacte des volontés du législateur que nous devons exposer et non modifier. La grande majorité des auteurs[2] admet également que pour déroger à la disposition de l'article 16, il eut fallu une exception formelle que le législateur n'a établie nulle part. Son silence sur ce point prouve, au contraire, qu'il a voulu maintenir, même devant les tribunaux de répression, l'obligation imposée à l'étranger de fournir caution. Ajoutons que la question ne se discute plus en jurisprudence depuis l'arrêt de principe rendu par la Cour de Cassation le 12 février 1846[3].

78. — La caution est due quelles que soient les causes

(1) Chauveau sur Carré, t. 2, quest. 705.

(2) Fœlix, t. 1, nº 137, p. 298. — Demolombe, t. 1, nº 256, p. 443. — Duranton t. 1, nº 161, p. 104. — Aubry et Rau, t. VIII, nº 747 *bis* — Bonfils, nº 143, p. 124. Boncenne, t. III, p. 187.

(3) Cass., 12 février 1846, D. 1846, 1, 128. — *Revue de législation et de jurisprudence*, t. XXVI, p. 87.

du procès, les sources de l'obligation du défendeur, contrat, quasi-contrat, délit, quasi-délit. En sera-t-il de même dans un procès basé sur une obligation légale? Le doute avait surgi à propos d'une demande en pension alimentaire; la question portait surtout sur la compétence des tribunaux français. Cette compétence admise, il faut décider que la caution est exigible.

79. — Sous l'empire du Code civil, la caution *judicatum solvi* n'était jamais due en matière commerciale selon une très ancienne tradition. Les jurisconsultes étaient unanimes à reconnaître que le législateur avait ainsi maintenu une heureuse exception. D'abord les commerçants peuvent être considérés, dans l'intérêt du développement des transactions internationales, comme citoyens de toutes les cités ou encore d'un même pays fictif; puis les affaires commerciales requièrent une célérité qu'eût empêché la demande d'une caution; enfin les frais auxquels ces affaires donnent lieu sont généralement minimes. Ces motifs restaient vrais, que le procès se déroulât devant un tribunal de commerce ou devant un tribunal civil jugeant commercialement.

On pouvait donc penser que la France, qui a toujours tenu le premier rang dans la voie des réformes libérales, continuerait cette tradition. Il en a été tout autrement. Le 5 mars 1892, quelques députés, entre autres MM. Félix Faure et Lebon, déposèrent, sur le bureau de la Chambre des députés, un projet de loi portant extension de la nécessité d'une caution aux matières commerciales.

Après enquête et discussion à la Chambre des députés,

le projet vint devant le Sénat qui, en une seule séance, vota l'urgence de la discussion et adopta le projet sans aucune objection [1].

Les débats du Sénat donnent un résumé des motifs qui ont inspiré la nouvelle rédaction de l'article 16. M. Chovet invoqua les arguments suivants à l'appui de la proposition pour laquelle il demanda le bénéfice de l'urgence : « Un armateur du Tréport s'est vu obligé de fournir une caution de 25,000 francs pour actionner en Angleterre les armateurs d'un navire anglais, qui, par suite d'un abordage, avait coulé une barque à lui appartenant » : évidemment, c'est jouer un role de dupes que de procurer à des étrangers des avantages qui nous sont refusés quand nous plaidons chez eux et contre eux..... Nous ne voyons pas pourquoi, alors que les étrangers, notamment les Anglais et les Américains, protégent quand meme leurs nationaux, nous ne protégerions pas les nôtres. Plus loin l'honorable rapporteur ajoute : « Sur 50 chambres de commerce de France et d'Algérie consultées, seule celle de Boulogne-sur-Mer s'est prononcée contre le projet de loi ; celles de Lyon et d'Alger n'ont pas fait connaitre clairement leur sentiment ; les 47 autres ont répondu affirmativement, dont trois se sont notamment étonnées que depuis longtemps déjà, on n'ait pas apporté à notre législation une modification qui s'imposait aussi impérieusement..... En ce qui touche le nombre d'instances commerciales, introduites

(1) Documents parlementaires, Chambre 1892, p. 556, 694 et 1540.
— Sénat 1895, p. 162.
Sénat. Débats parlementaires, *Journal officiel* du 1er mars 1895.

par des étrangers contre des Français et dans lesquelles les défendeurs, ayant obtenu gain de cause, avaient été obligés cependant de supporter les frais, il est résulté d'une enquête faite par M. le Ministre de la justice, que de très nombreuses instances avaient été introduites, dont l'issue justifiait l'adoption de la modification proposée. » C'est par ces deux derniers arguments que M. Chovet répondait à cette objection qu'il déclare avoir reçue : le danger que doit éviter la caution *judicatum solvi* est chimérique; donc vaut mieux la supprimer. M. Chovet déclarait, en outre, que les conventions diplomatiques déjà existantes resteraient valables et que l'on pourrait même en signer de nouvelles. Malheureusement les traités internationaux demandent de longs pourparlers, et d'autre part il faut parfois sacrifier de grands intérêts pour faire aboutir les négociations. Il est encore regrettable que le fait cité par le rapporteur ait été peut-être la seule cause de la modification apportée à l'article 16. Il est évident que si un accident semblable était arrivé à un armateur anglais, celui-ci aurait demandé la réparation du dommage et le Français défendeur eut exigé que la caution lui fut fournie.

80. — Nous devons néanmoins accepter la loi telle qu'elle est, mais avec les auteurs qui ont écrit sur la matière, il nous sera permis de déplorer l'innovation apportée à notre législation[1]. Au point de vue des exigences

(1) Baudry-Lacantinerie et Houques-Fourcade : Des Personnes, n° 680. *Revue politique et parlementaire*, vol. 5, 1895, p. 331.

des étrangers vis-à-vis des demandeurs français, il eut fallu assurer aux étrangers le régime de la réciprocité législative. Si la loi du 5 mars 1895 n'empêche pas les relations internationales, peut-être est-il permis de craindre qu'elle n'expose nos nationaux à des mesures de retorsion.

Cette crainte a été d'ailleurs confirmée : Sitôt après la promulgation de la nouvelle loi, une circulaire du Ministre de la justice prussien a rappelé aux procureurs et présidents de tribunaux que les Français demandeurs, jusque-là dispensés de la caution *judicatum solvi* en matière commerciale, seraient désormais dans l'obligation de fournir cette garantie dans les procès de cette nature [1].

81. — Une jurisprudence constante décide que les lois de la procédure sont applicables du jour de leur promulgation. La question est controversée en doctrine [2].

Le tribunal de commerce de la Seine a décidé le 1er juin 1895 que la loi du 5 mars 1895 serait applicable aux procès déjà engagés au moment de sa promulgation. Mais en vertu du principe de la non-rétroactivité des lois, l'application ne pourra en être requise que pour le paiement des frais et dommages-intérêts auxquels le procès pourra donner lieu après cette promulgation [3].

Spécialement le Français défendeur à une instance

(1) J. Clunet, 1895, p. 1461.

(2) Trib. Auxerre 12 juin 1895. D. 1896-2-185. Trib. Lyon. 20 décembre 1895. D. 1896-2-290, et les notes de MM. Glasson et Appleton sous ces arrêts.

(3) Trib. com. Seine. 1er juin 1895. — J. Clunet, 1895, p. 180.

formée par un étranger devant le tribunal de commerce peut, sur l'appel interjeté par l'étranger, opposer à celui-ci l'exception de la caution *judicatum solvi* en exécution de la loi du 5 mars 1895, bien que cette loi ait été promulguée postérieurement au jugement de première instance [1].

82. — Les pays dont les législations assimilent les matières commerciales aux matières civiles, au point de vue de la caution *judicatum solvi*, sont les Pays-Bas, la Suède, l'Allemagne, l'Autriche, la Russie, l'Espagne (ces quatre dernières nations sous le bénéfice possible de la réciprocité), l'Angleterre, les Etats-Unis, la Colombie et le Brésil.

La législation brésilienne n'a jamais admis la caution *judicatum solvi* en matière criminelle, sauf lorsqu'il s'est agi d'une mise en liberté provisoire.

83. — Deux décisions belges ont décidé que l'article 16 du Code civil s'appliquait aux matières du référé [2]. Les auteurs français déclarent que la nature exceptionnelle du référé, la nécessité d'une décision immédiate rendent inapplicables en cette matière les dispositions de l'article 16 qui n'auraient pour résultat, si elles étaient appliquées, que de retarder la décision du juge du référé et d'aller ainsi à l'encontre de cette institution [3].

(1) Paris, 11 juin 1896. D. 1897-2-8.

(2) Bruxelles, 4 mai 1891. J. Clunet, 1893, p. 224. Trib. de Tongres (référé). 26 novembre 1898. S. 1899-4-40.

(3) Bertin. Ordonnances sur requêtes et référés, t. 2, n° 319. — De Belleyme. Ordonnances sur requêtes et référés, t. 1, n° 454.

## CHAPITRE IV

### Cas où il y a dispense de l'obligation de fournir la caution *Judicatum solvi.*

84. — Dans l'ancien droit, les cas de dispense étaient au nombre de cinq.

La caution *judicatum solvi* n'était pas due :

*a.* En matière commerciale[1].

*b.* Quand l'étranger demandeur possédait en France des biens immeubles de valeur suffisante[2].

*c.* Quand il consignait une somme suffisante.

*d.* Quand il plaidait pour cause d'aliments. Ces deux dernières exceptions furent apportées à la règle générale par la jurisprudence[3].

*e.* Quand un traité avec la nation à laquelle il appartenait le dispensait de cette obligation.

Sous l'empire de la législation actuelle, les cas de dispense peuvent être divisés en deux grandes classes : 1° ceux qui résultent de dispositions législatives ; 2° ceux qui résultent de conventions internationales.

(1) Merlin. Rép. loc. cit., § 1, n° 1.

(2) Pothier, op. cit, titre 2, sect. 2, n° 2. — Demangeat, op. cit., p. 143.

(3) Merlin. Rép. loc. cit., § 1, n° 6 et 11.

### Section I. — *Dispenses résultant de la loi.*

85. — Il serait plus exact de dire qu'il y a remplacement d'une garantie par une autre. La loi n'a prévu que trois cas dans les articles 16 et 2041 du Code civil et dans l'article 167 du Code de Procédure civile. La doctrine et la jurisprudence en ajoutent d'autres.

Premier cas. — Article 16 Code civil (loi du 5 mars 1895) : « En toutes matières, l'étranger qui sera demandeur principal ou intervenant sera tenu de donner caution pour le paiement des frais et dommages-intérêts résultant du procès, *à moins qu'il ne possède en France des immeubles d'une valeur suffisante pour assurer ce paiement* ». Cette exception vient du droit romain ; on lit, en effet, au Digeste L. I, tit. 8, loi 15 princ. : *Sciendum est, possessores immobilium rerum satisdare non compelli*. Si les meubles n'ont pas été considérés comme constituant une garantie suffisante, c'est parce que les rédacteurs du Code civil étaient sous l'influence de cette maxime : *res mobilis, res vilis*.

86. — Les termes employés par l'article 16 « à moins qu'il ne possède » ont fait naître quelques difficultés.

Quel est le sens exact qu'il faut attribuer au mot posséder ? Il est de toute évidence que le législateur n'a pas exigé que le Français fut propriétaire des immeubles. Une simple possession suffit. Il est assez difficile de donner une règle précise sur les caractères de cette possession. Il faut s'en remettre à l'équité des juges qui, tenant compte des circonstances dans lesquelles se présente le procès, pourront faire une application très large de la disposition contenue dans l'article 16.

87. — Il a été jugé que la propriété indivise d'un immeuble dispensait de la caution, pourvu que la part éventuelle de l'étranger dans cette co-propriété eut une valeur suffisante pour garantir le Français contre les dangers qui le menacent [1].

L'étranger nu-propriétaire ou emphytéote sera dispensé de fournir la caution [2].

88. — Mais un simple droit d'usufruit suffira-t-il ? Certains auteurs affirment l'insuffisance de cette quasi-possession et appuient leur opinion sur la règle d'Ulpien : *Eum vero qui tantum usufructum habet, possessorem non esse* [3]. Ils ajoutent que la valeur d'un usufruit est toujours incertaine puisque la mort et l'abus de jouissance peuvent à tout instant le faire disparaître.

D'autres auteurs, repoussant la maxime d'Ulpien comme s'appliquant à la *cautio in judicio sistendi* plutôt qu'à la caution *judicatum solvi*, affirment que l'usufruit étant immeuble, il constitue une garantie suffisante pouvant remplacer la caution [4]. Nous ajouterons qu'en présence

(1) Bordeaux, 23 janvier 1849, S. 1851, 2-45.

(2) Merlin. Rép. loc. cit. § 1, nº 11. — Weiss, p. 767, note 5.

(3) Dig. Liv. II, tit. 8, loi 15. — Aubry et Rau. Loc. cit., note 13. — Proudhon : De l'usufruit, t. 1, nº 19. — Demolombe. T. 1, nº 259. — Garsonnet. T. 2, nº 301, note 9.

(4) Bonfils. nº 125. — Baudry-Lacantinerie et Houques-Fourcade : Des Personnes, nº 690. — Despagnet. nº 280. — Weiss. P. 767, note 5.

du pouvoir souverain d'appréciation dont les juges sont investis, à raison de la modicité des frais du procès, de la valeur de l'usufruit et des chances de vie de l'usufruitier, il serait difficile de refuser aux magistrats le droit de déclarer que l'usufruit offre une garantie suffisante au Français défendeur.

89. — Mais pour qu'un immeuble offre une garantie suffisante, il faut qu'il soit libre de toutes charges ou droits[1]. S'il est affecté d'hypothèques, les juges auront un pouvoir souverain pour décider que, abstraction faite de cette charge, l'immeuble a encore une valeur suffisante pour couvrir les frais et dommages-intérêts qui pourront résulter du procès.

90. — Le Français peut-il prendre hypothèque sur les immeubles qu'un jugement a déclarés suffisants ? Ce droit a été reconnu au Français par plusieurs auteurs[2]. Cette doctrine doit être rejetée ; l'obligation de fournir caution est une mesure exceptionnelle qui doit être interprétée restrictivement ; par suite on ne peut contraindre l'étranger à fournir une hypothèque sur ses biens au profit du Français[3] ! On a invoqué l'article 2123 en vertu duquel

(1) Tribunal civil. Bruxelles, 26 novembre 1887. *Revue pratique de D. Int.* 1888.

(2) Boncenne. t. 3, p. 193. — Chauveau sur Carré. t. 2, quest. 708. — Delvincourt. t. 1, notes p. 28, n° 9. — Rodière. t. 1, p. 327. — Bonnier, n° 863.

(3) Merlin. Rép. v° caut. *jud. sol.* § 1, n° 11. — Duranton. t. 1, n° 162. — Demolombe. t. 1, n° 259. — Massé. *Droit commercial.* t. 2, n° 251. — Jaccolton. *Revue de législation* 1852, p. 187. — Aubry et Rau. loc. cit., note 14. — Baudry-Lacantinerie et Fourcade : Des Personnes, n° 690. — Fœlix. t. 1, n° 142. — Gerbaut. n° 91. — Bonfils. op. cit. n° 127. — Duranton. t. 1, n° 162. — Demante. t. 1. n° 30 *bis* 7. — Fœlix et Demangeat. t. 1, n° 142. — Legat. n° 245. — Marcadé. t. 1, p. 183. — Weiss. p. 767.

le jugement, déclarant suffisants les immeubles possédés par l'étranger, conférerait au défendeur hypothèque sur ces immeubles. Mais l'hypothèque judiciaire ne résulte que des jugements qui contiennent une condamnation actuelle ou des jugements portant reconnaissance ou vérification d'écritures ; or le jugement qui déclare suffisants les immeubles possédés en France par l'étranger loin de prononcer une condamnation contre ce dernier, constate au contraire qu'il satisfait aux conditions exigées par les articles 16 et 167. « L'hypothèque judiciaire, dit l'article 2123, résulte des jugements en faveur de celui qui les a obtenus. » Dans notre hypothèse, c'est le Français qui a succombé en contestant la suffisance des biens de son adversaire ; par suite n'ayant pas obtenu le jugement, il ne peut avoir d'hypothèques. On nous objecte alors que sans l'hypothèque la garantie sera illusoire, car l'étranger pourra à tout instant aliéner ou grever ses immeubles. En pratique, il sera bien rare de voir un étranger vendre à vil prix des immeubles d'une valeur parfois très importante.

Pour parer au danger d'une vente, M. Demante confère au tribunal le pouvoir de déclarer que les immeubles ne seront suffisants que sous condition d'une affectation hypothécaire [1]. M. Jaccotton combat cette opinion : « Quoi, s'écrie-t-il, sans avoir examiné le procès, sans savoir quelle est celle des parties qui succombera en définitive, les juges pourront incontinent et les yeux fermés, mettre provisoirement les frais à la charge du

(1) Demante, t. I, n° 30 *bis* 7.

demandeur et grever ses biens d'une hypothèque, toujours funeste à son crédit [1] ». Nous ajouterons qu'aucun texte ne donne pareil pouvoir au tribunal. Ou les immeubles sont suffisants et le tribunal prononce la dispense de la caution ; ou les immeubles sont insuffisants et le tribunal assujettit le demandeur étranger à la nécessité de fournir la caution *judicatum solvi*.

91. — La législation des Pays-Bas est la seule qui assujettisse l'étranger demandeur à donner hypothèque sur ses immeubles.

Article 153 du Code de Procédure civile : Le jugement qui ordonne la caution fixera la somme jusqu'à concurrence de laquelle elle sera fournie. Le demandeur ou l'intervenant qui consignera cette somme ou qui justifiera que ses immeubles situés dans les Pays-Bas sont suffisants pour en répondre, sera dispensé de fournir caution, pourvu que, dans le dernier cas, *il donne inscription hypothécaire sur ces biens* ».

92. — La disposition de l'article 16, aux termes duquel l'étranger qui possède en France des immeubles de valeur suffisante pour assurer le paiement des frais du procès sera dispensé de fournir caution, se retrouve dans la plupart des législations étrangères.

Tous les pays faisant partie du groupe français, sauf la Suède, admettent cette exception à la règle générale.

(1) *Revue de législation*, 1852, t. XLIII, p. 180.

L'article 15 du Code civil romain est la reproduction de notre article 16.

L'article 64 de loi genévoise sur la procédure civile décide que l'étranger n'est dispensé de l'obligation de fournir caution, que s'il possède dans le canton des biens suffisants pour assurer le paiement des dépens.

Le Code polonais assimile à la possession des immeubles celle d'un établissement industriel ; c'est là une garantie qui sera, dans bien des cas, supérieure à la possession d'un immeuble et nous désirons la voir se généraliser.

Dans la législation autrichienne, la possession de créances garanties par l'inscription d'une hypothèque sur des immeubles, confère dispense de fournir caution. L'article 406 de l'ancien Code de procédure autrichien (en vigueur jusqu'au 31 décembre 1897) considérait comme solvable et dispensait par suite de la caution celui qui, à défaut d'immeubles, possédait des valeurs mobilières ou même jouissait seulement d'un certain crédit.

L'article 571 du Code de Procédure russe assimilait à la possession d'immeuble, le fait d'être investi d'une fonction publique.

Le principe de cette exception se trouve dans la solvabilité présumée de l'étranger. Le but poursuivi par le législateur, à savoir la protection du national, est parfaitement atteint dans ces diverses législations.

93. — Deuxième cas : Article 167 du C. Proc. civ. « Le jugement qui ordonnera la caution fixera la somme jusqu'à concurrence de laquelle elle sera fournie ; le demandeur qui consignera cette somme sera dispensé de fournir

caution. » Ici encore on ne peut pas dire qu'il y a dispense, mais seulement remplacement d'une garantie par une autre. Il est tout naturel que les condamnations aux frais et aux dommages-intérêts étant purement pécuniaires, la consignation d'une somme d'argent suffisante remplit les exigences de la loi [1]. En employant le mot consigner, la loi a entendu dire que le dépôt de la somme fixée par le tribunal devait se faire à la Caisse des Dépôts et Consignations. Le récépissé fourni par cette caisse sera signifié au défendeur par les soins de l'étranger demandeur.

La même exception à la règle générale se trouve inscrite dans les législations belge, luxembourgeoise et néerlandaise (art. 153 C. de Proc. civ.), allemande (101 C. de Proc.), roumaine (art. 107 Proc.), suisse (art. 213, l'organique du tribunal fédéral).

94. — Troisième cas : Art. 2041, C. civ. : « Celui qui ne peut trouver une caution est reçu à donner à sa place un gage en nantissement suffisant. » Ce gage peut porter aussi bien sur une créance mobilière que sur un meuble corporel [2].

De même dans la législation générale suisse.

95. — Quatrième cas. — Par arrêt du 9 avril 1807, la Cour de Cassation confirma un arrêt de la Cour de Paris du 8 germinal an XIII. La question se posait de savoir si

(1) Baudry-Lacantinerie et Houques-Fourcade : Des Personnes, n° 690. — Gerbaut, n° 283. — Duranton, t. I, n° 162. — Demante, t. I, n° 30.

(2) Aubry et Rau, loc. cit., p. 131. — Gerbaut, n° 85.

un débiteur français, poursuivi en expropriation forcée par ses créanciers suisses, pouvait exiger d'eux la caution *judicatum solvi*. La Cour de Paris lui avait refusé ce droit, parce que la demande avait pour objet l'exécution d'un titre paré et exécutoire. La Cour de Cassation, en confirmant ce motif, fit valoir, en outre, que le défendeur français avait la garantie de ses frais dans le montant de l'obligation dont il était débiteur[1].

Merlin avait déjà signalé cette hypothèse et s'était prononcé dans le sens suivi par la Cour de Cassation[2].

La législation grecque édicte que la partie non contestée d'une créance, dont le défendeur se reconnaît débiteur, reconnue suffisante pour couvrir les frais et dommages éventuels, emporte dispense de fournir une garantie.

96. — Les législations étrangères admettent de nombreuses exceptions à l'obligation de fournir la caution *judicatum solvi*.

L'article 102 du Code de procédure civile allemand n'admet pas la caution :

1° Dans les demandes reconventionnelles ;

2° Dans les actions intentées à la suite d'une procédure provocatoire[3] ;

(1) S. 1807, 1, p. 308. — Chauveau sur Carré, t. 2, quest. 707.

(2) Merlin, Rep. loc. cit., § 1, n° 12.

(3) Par procédure provocatoire, on doit entendre la sommation judiciaire et publique faite aux intéressés de produire leurs prétentions et leurs droits, sous peine de subir une déchéance au cas où ils omettraient cette production. Cette procédure ne peut être employée que dans les cas déterminés par la loi ; par exemple, quand il s'agit de faire prononcer l'amortissement d'effets de commerce perdus ou détruits, ou de rechercher les héritiers appelés à une succession encore vacante, ou encore de procéder à la purge d'hypothèques dispensées d'inscription.

3° Dans les actions ayant pour objet des droits inscrits sur les registres fonciers ou hypothécaires d'une autorité allemande.

L'article 57 du nouveau Code de procédure civile autrichien, entré en vigueur le 1er janvier 1898, décide.

Cette obligation de fournir caution n'a pas lieu :

1° (Principe de réciprocité) ;

2° (Possession d'immeubles) ;

3° Dans les procès en divorce ;

4° Dans les procès de mandat, dans les demandes reconventionnelles, ou à la suite d'une sommation de comparaître en justice.

En Hongrie, la loi 18 du 1er novembre 1893 sur la procédure sommaire a consacré le principe de la réciprocité : la caution n'est pas due : 1° dans les demandes qui suivent une sommation publique ; 2° dans les demandes reconventionnelles. Le délégué de la Hongrie à la conférence de La Haye déclarait, le 10 juillet 1894, que les mêmes principes allaient être appliqués par une loi générale de procédure en voie de préparation.

Nous avons vu plus haut que l'ancien Code de procédure civile autrichien assimilait à la possession d'immeubles, la possession de créances hypothécaires, de valeurs immobilières ou même la jouissance d'un certain crédit. L'article 406 *in fine* de ce Code contenait une disposition très curieuse : l'étranger demandeur pourra néanmoins poursuivre son procès sans être tenu à fournir caution ; il lui suffira pour cela de prêter serment qu'il ne peut fournir la garantie demandée.

Le système que consacrait ce code était, à notre avis, celui qui atteignait le mieux le but poursuivi par le législateur en instituant la caution *judicatum solvi* : protéger le défendeur contre les poursuites téméraires d'un plaideur. Peu importe le mode de garantie, pourvu qu'il y ait sécurité pour le défendeur, et avec les termes généraux et larges dont se servait la loi, il était possible au juge d'établir un très grand nombre de cas dans lesquels il y avait réellement solvabilité. En outre, ce système était fort équitable puisqu'il permettait au plaideur indigent de poursuivre quand même la réparation des préjudices qu'il avait subis. L'obligation de fournir caution n'est plus un obstacle pour lui, puisqu'il lui suffit de prêter serment qu'il est dans l'impossibilité de fournir une garantie quelconque.

En présence des avantages réels que présentait ce système, il est permis d'être étonné de le voir disparaître. Où faut-il chercher la cause de ce délaissement ? Nous la trouvons dans l'obligation pour le législateur de défendre ses nationaux par les mêmes mesures que l'étranger emploie à protéger les siens. C'est donc par esprit de rétorsion que l'Autriche a été amenée à abandonner le système de son ancien Code de Procédure civile.

En Autriche encore la loi sur la *bagatell verfahren* dispense de la caution dans les procès où l'intérêt pécuniaire est de minime importance.

### Section II. — *Dispenses résultant de conventions internationales.*

97. — Le principe de ces dispenses résulte du droit qu'a

le gouvernement de signer avec les autres Etats des conventions comportant l'admission à la jouissance des droits civils. Ce droit résulte de l'article 11 du Code civil ainsi conçu : « L'étranger jouira en France des mêmes droits civils que ceux qui sont ou seront accordés aux Français par les traités de la nation à laquelle cet étranger appartiendra. »

Des nombreux traités que la France a conclu avec les autres nations, aucun n'a eu pour objet exclusif la caution *judicatum solvi*. Certains ont prévu la dispense de cette caution en termes exprès ; d'autres contiennent des clauses générales d'où dérive cette dispense. Aussi peut-on diviser ces traités en trois catégories distinctes : la première comprenant les traités contenant une clause relative à la caution *judicatum solvi*; la seconde, comprenant les traités contenant la clause du libre et facile accès; la troisième, la clause de la nation la plus favorisée.

98. — Première catégorie. — Traités contenant une clause relative à la caution *judicatum solvi*.

Par ordre chronologique, le premier traité que nous trouvons est celui qui fut signé entre la France et la Sardaigne, le 24 mars 1760. L'article 22 portait : « Pour être admis en jugement, les sujets respectifs des deux pays ne seront tenus de part et d'autre qu'aux mêmes conditions et formalités qui s'exigent de ceux du propre ressort, suivant l'usage de chaque tribunal. » Vers 1860, à la suite des événements politiques et historiques que l'on connait, quelques jurisconsultes, entre autres Fiore, en Italie, Dupin, Tripier et Troplong, en France, contestèrent l'existence de ce traité, mais la jurisprudence des deux pays était en ce sens contraire et voici par quels motifs la Cour d'Aix a résolu la question : « Considérant qu'il faut distinguer les traités généraux et politiques réglant les conditions de paix et d'alliance entre deux ou plusieurs nations des traités particuliers d'hospitalité, de commerce, etc., qui touchent plus particulièrement aux intérêts privés des deux États ; que si la guerre anéantit les premiers, elle suspend seulement les seconds, lesquels reprennent de plein droit leur empire quand la paix est rétablie par application du principe général « *cessante causa, tollitur effectus* [1]. »

Aujourd'hui le doute n'est plus permis, car une nouvelle convention du 1er septembre 1860, intitulée « déclaration portant interprétation du § 3 de l'article 22 du traité du 24 mars 1760 » n'a pas touché au paragraphe 4 du même article, paragraphe visant la dispense de la caution au profit des Sardes [2].

Depuis, de nombreuses décisions judiciaires ont décidé avec raison que le traité passé avec la Sardaigne devait s'appliquer au nouveau royaume d'Italie. En effet, comme le fait remarquer M. Bonfils [3], la Sardaigne est en réalité le noyau qui d'annexion en annexion a formé le royaume d'Italie actuel, et les pays ainsi annexés profitent du traité passé avec la Sardaigne, par conséquent les Italiens sont

(1) Aix, 8 décembre 1858. S. 1859, 2-605.

(2) Sirey, 1860, 3, 97.

(3) Bonfils, n° 268.

maintenant dispensés de l'obligation de fournir la caution *judicatum solvi*[1].

99. — Le traité du 4 vendémiaire an XII, article 4, renouvelé par le traité du 18 juillet 1828 portait : « Il ne sera exigé des Français qui auraient à poursuivre une action en Suisse, et des Suisses qui auraient à poursuivre une action en France aucun droit, caution ou dépôt, auxquels ne seraient pas soumis les nationaux eux-mêmes conformément aux lois de chaque nationalité. Le traité du 15 juin 1869 porte en son article 13 : « Il ne sera exigé des Français qui auraient à poursuivre une action en Suisse, aucun droit, caution ou dépôt, auxquels ne seraient pas soumis, conformément aux lois du canton où l'action est intentée, les ressortissants suisses des autres cantons ; réciproquement, il ne sera exigé des Suisses qui auraient à poursuivre une action en France, aucun droit, caution ou dépôt auxquels ne seraient pas soumis les Français d'après les lois françaises. » Il résulte de ce traité que les Suisses sont plus favorisés que les Français, puisqu'ils se trouvent toujours dispensés de fournir caution en France, tandis que les Français devront fournir la caution dans les

(1) Paris, 27 août 1864 et Cass., 31 janvier 1867, S. 1867, 1, 118. — Cass., 27 avril 1870, S. 1871, 1, 91. — Montpellier, 10 juillet 1872, S. 1872, 2, 139. — Paris, 9 janvier 1875. Clunet, 1875, p. 534. — Trib. correc. Seine, 21 février 1879. Clunet, 1879, p. 278. — Trib. Versailles, 26 mars 1891. Clunet, 1892, p. 179. — Paris, 17 juillet 1891. Clunet, 1893, p. 832.

Turin, 15 mai, 1865. — Florence, 20 juin 1870. — Turin, 20 mars 1875 ; Clunet, 1878, p. 243, notes 1 et 4. — Milan, 19 juillet 1875 ; Brescia, 14 septembre 1875. Clunet, 1879, p. 305 et 306.

cantons où elle est exigée des Suisses ressortissants des cantons étrangers.

100. — Le traité d'amitié, de commerce et de navigation signé à Paris le 18 janvier 1883, entre la France et la Serbie, aujourd'hui dénoncé, stipulait dans l'article 5 : « Il ne sera exigé des Français qui auraient à poursuivre une action en Serbie ou des Serbes qui auraient à poursuivre une action en France, aucune caution ou dépôt auquel ne seraient pas soumis, en France, les citoyens de la nation la plus favorisée, ni aucun droit auquel ne seraient pas soumis les nationaux d'après les lois du pays. » Par suite, les Serbes, admis à jouir en France des mêmes droits que les regnicoles, étaient dispensés de la caution.

101. — Par le décret du 12 avril 1899 [1] a été promulguée une convention intervenue entre la France et la Russie, relative à l'exemption pour les Français en Russie et pour les Russes en France de la caution *judicatum solvi*. Cette convention porte : « Il ne sera exigé des sujets russes qui auraient à poursuivre une action en France ou dans les colonies françaises, comme demandeurs principaux ou intervenants, aucuns droits, caution ou dépôt auxquels ne seraient pas soumis les Français, conformément aux lois françaises ».

« Réciproquement, il ne sera exigé des Français qui auraient à poursuivre une action en Russie, comme demandeurs principaux ou intervenants aucuns droits,

(1) *Journal Officiel* du 14 avril 1899.

dépôt ou caution auxquels ne seraient pas soumis les sujets russes d'après les lois de l'Empire ».

Enfin, à la suite des travaux d'une Conférence internationale, réunie à la Haye en 1894, une convention a été conclue entre plusieurs États européens le 14 novembre 1896. Elle comporte la dispense de fournir la caution *judicatum solvi* pour les sujets des États signataires, demandeurs dans l'un de ces États.

102. — Nous avons déjà dit que l'admission à l'assistance judiciaire n'emportait pas dispense pour l'étranger de fournir la caution *judicatum solvi* ; et nous avons dit dans quelle situation embarrassante se trouvait cet étranger. Pour remédier à cet état de choses déplorable, de nombreux traités ont été conclus entre les divers pays.

Ces conventions, uniformément rédigées, décident que : « Les sujets respectifs admis au bénéfice de l'assistance judiciaire seront dispensés de plein droit de toute caution ou dépôt, qui, sous quelque dénomination que ce soit, peut être exigé des étrangers plaidant contre les nationaux, par la législation du pays où l'action est introduite ». Ces conventions ont été conclues par la France avec :

L'Italie, le 19 février 1870 ;

La Bavière le 11 mars 1870 ;

La Belgique, le 22 mars 1870 ;

Le Luxembourg, le 22 mars 1870 ;

L'Autriche-Hongrie, le 14 mai 1879 ;

L'Allemagne, le 20 février 1880 ;

L'Espagne, le 14 mai 1884 ;

L'Uruguay, le 23 mars 1885.

Une telle disposition s'explique d'elle-même ; car l'assistance judiciaire serait un bienfait illusoire, si les parties indigentes devaient pour introduire leur instance verser une somme d'argent supérieure à leurs moyens, et il est peu vraisemblable que l'assistance judiciaire soit accordée à des demandes vexatoires contre lesquelles est surtout instituée la caution *judicatum solvi*.

Tels sont les traités qui dispensent expressément les étrangers de fournir caution.

103. — Deuxième catégorie : Traités contenant la clause du « libre et facile accès auprès des tribunaux ».

Il est admis aujourd'hui que le « libre accès » accordé par les traités à des étrangers équivaut pour eux à la dispense de la caution *judicatum solvi* ; le but d'une semblable disposition est de lever les obstacles de forme qui tendent à paralyser les actions intentées. La jurisprudence est aujourd'hui fixée dans ce sens [1].

Les pays qui ont conclu avec la France des traités accordant à leurs ressortissants « libre et facile accès auprès des tribunaux » sont, par ordre chronologique :

La Bolivie, 9 décembre 1834 (art. 3) ;

L'Equateur, 6 juin 1843 (art. 4) ;

Le Chili, 15 septembre 1846 (art. 3) ;

Le Guatemala, 8 mars 1848 (art. 4) ;

(1) Trib. Seine, 22 février 1870. D. 70-3-78.
23 nov. 1880. Clunet. 1880, p. 575.
8 juin 1882. — 1882, p. 300.
10 mai 1883. — 1883, p. 640.

La République de Costa Rica, 12 mars 1848 ;

Le Paraguay, 4 mars 1853 (art. 9) ;

Le Portugal, 9 mars 1853 (art. 4) ;

Le Honduras, 22 février 1856 (art. 4) ;

La Nouvelle-Grenade, 15 mai 1856 (art. 4) ;

Les Iles Sandwich, 29 octobre 1857 (art. 4) ;

Le San-Salvador, 2 janvier 1858 (art. 4) ;

Le Nicaragua, 11 avril 1859 (art. 4) ;

Le Pérou, 10 mars 1862 (art. 3) ;

La Russie, 1er avril 1874 (aujourd'hui remplacé par le traité des 15-27 juillet 1896, cité plus haut) ;

L'Espagne, 6 février 1882 (art. 3) ;

Saint-Domingue, 9 septembre 1882 ;

La République Sud-Africaine, 10 juillet 1885 ;

Le Mexique, 27 novembre 1886.

104. — Troisième catégorie. — Traités contenant la clause du « traitement de la nation la plus favorisée ».

Cette clause forme l'accessoire ou plutôt le complément des dispositions d'un grand nombre de traités, généraux ou spéciaux : traités de commerce, de navigation, d'amitié, d'établissement, conventions consulaires, etc.

On en a réclamé l'application dans les matières les plus diverses, et la jurisprudence actuelle en fait découler la dispense de la caution [1]. Certains auteurs repoussent cette théorie. « Une pareille jurisprudence, disent-ils, supprimerait absolument l'utilité de la clause du « libre et facile accès. » Si avec la clause du « traitement de la nation la

(1) Trib. Bastia, 29 avril 1873. D. 1873, 3, 89.

plus favorisée on arrive à des résultats bien préférables au point de vue étranger à ceux de la première clause, à quoi bon insérer celle-ci ? Il y a là un manque de logique évident. Le gouvernement français en accordant à certains étrangers le traitement de la nation la plus favorisée, et à d'autres un libre et facile accès auprès des tribunaux, a voulu donner à ces derniers une situation supérieure à celle des premiers. Avec le système de la jurisprudence on arrive à un résultat exactement opposé ». Nous ferons remarquer aux auteurs de cette théorie, défenseurs irréductibles de la caution *judicatum solvi*, que les deux clauses ne se détruisent nullement. La clause du « libre accès » est spéciale à la situation des étrangers devant les tribunaux français ; tandis que la clause « du traitement de la nation la plus favorisée » s'applique à la condition générale des étrangers en France. Cette dernière clause est plus large et comprend implicitement la première. Nous ne voyons aucune inconséquence à ce que l'une soit stipulée dans certaines conventions, tandis que l'autre figure dans certains traités. On accorde en bloc par la seconde des avantages spéciaux accordés séparément par la première. Nous ne ferions de réserves sur ce point que sur les traités conclus spécialement pour régler une question particulière ; dans ce cas, la faveur accordée par ce traité est restreinte à la question qu'il règle.

Contiennent la clause « du traitement de la nation la plus favorisée » :

Le traité du 7 juin 1826 (art. 6) entre la France et le Brésil ;

Le traité des 17-20 avril 1852 (art. 3) entre la France et la République de Libéria ;

Le traité du 12 juillet 1855 (art. 5) entre la France et la Perse ;

Le traité du 15 août 1856 (art. 2) entre la France et le royaume de Siam ;

Le traité du 24 janvier 1873 (art. 1) entre la France et la Birmanie ;

Le traité du 18 janvier 1883 entre la France et la Serbie, dénoncé en 1892, contenait dans son article 3 la clause de la nation la plus favorisée.

Telles sont les conventions conclues par la France avec les pays étrangers, dispensant les ressortissants des pays signataires de l'obligation de fournir la caution *judicatum solvi*.

105. — Nous allons énumérer les conventions conclues entre elles par les diverses nations.

PREMIER GROUPE. — Pays où la caution *judicatum solvi* n'existe pas :

1° *Italie*. — A raison même de la faveur que l'Italie fait aux étrangers en les assimilant à ses nationaux, il est naturel et juste qu'elle ait réclamé pour ses nationaux des avantages correspondants. Aussi les traités qu'elle a conclus sont-ils nombreux.

Avant la formation du royaume d'Italie, la Sardaigne avait conclu les conventions suivantes :

Traité avec la France le 24 mars 1760 ;

Traité avec la République Argentine le 25 septembre 1855;

Traité avec le Chili le 28 juin 1856 ;

Traité avec la Belgique le 10 décembre 1857 ;

Traité avec le Paraguay le 4 mars 1852 ;

Traité avec la République Dominicaine le 24 mars 1854 ;

Traité avec San Salvador le 27 octobre 1860.

Puis viennent, après la formation du royaume d'Italie :

Le traité avec le Vénezuéla du 19 juin 1861 ;

Le traité avec l'Allemagne du 4 mars 1862 et du 6 décembre 1891 ;

Le traité avec Costa Rica du 14 avril 1863 ;

Le traité avec les îles Sandwich du 22 juillet 1862 ;

Le traité avec la Russie du 16 septembre 1863 ;

Le traité avec l'Uruguay du 7 mai 1866 ;

Le traité avec Saint-Domingue du 18 octobre 1866 ;

Le traité avec l'Espagne du 21 juillet 1867 ;

Le traité avec le Nicaragua du 6 mars 1868 ;

Le traité avec la Suisse du 22 juillet 1868 ;

Le traité avec le Guatemala du 31 décembre 1868 ;

Le traité avec le Honduras du 31 décembre 1868 ;

Le traité avec la Belgique du 30 juillet 1870 ;

Le traité avec le Mexique du 16 décembre 1870 ;

Le traité avec les Etats-Unis du 26 février 1871 ;

Le traité avec la Grèce du 5 novembre 1871 et du 1er avril 1889 ;

Le traité avec la Serbie du 28 octobre 1879 ;

Le traité avec le Monténégro du 21 janvier 1882 ;

Le traité avec la Hollande du 6 janvier 1884 ;

Le traité avec le Luxembourg du 10 juin 1884 ;

Le traité avec l'Autriche-Hongrie, du 7 décembre 1887.

2° *Portugal.* — Le traité passé avec la France le 9 mai 1853 a été dénoncé en 1892 par la France ;

3° Le *Monténégro* a conclu un traité avec l'Angleterre le 24 janvier 1882 et avec l'Italie les 16-28 mars de la même année.

106. — 2° GROUPE. — Système du Code français.

1° La *Belgique* a conclu de nombreux traités. Par ordre chronologique, nous trouvons :

Le traité avec l'Uruguay, le 11 juillet 1858 ;

Le traité avec San-Salvador, le 17 décembre 1858 ;

Le traité avec la République de Libéria, le 10 août 1839 ;

Le traité avec le Chili, le 5 janvier 1860 ;

Le traité avec le Nicaragua, le 30 mars 1860 ;

Le traité avec le Honduras, le 20 juillet 1860 ;

Le traité avec le Pérou, le 20 janvier 1861 ;

Le traité avec le Mexique, le 22 mars 1862 ;

Le traité avec le Maroc, le 11 juillet 1862 ;

Le traité avec la Bolivie, le 12 février 1863 ;

Le traité avec les îles Sandwich, le 31 mars 1864 ;

Le traité avec l'État d'Orange, le 26 septembre 1874 ;

Le traité avec la République Sud-Africaine, le 3 février 1876 ;

Le traité avec la Serbie du 15 janvier 1886 ;

Le traité avec le Venezuela, le 9 avril 1886 ;

Le traité avec la Suisse, le 27 décembre 1889 ;

Le traité avec l'Autriche-Hongrie, le 6 décembre 1891.

La Belgique a, en outre, conclu des traités relatifs à l'assistance judiciaire et emportant dispense de fournir la caution *judicatum solvi* avec

La France, le 22 mars 1870 ;

L'Italie, le 30 juillet 1870 ;

Le Luxembourg, le 5 août 1870 ;

L'Espagne, le 31 mai 1872 ;

L'Allemagne, le 18 octobre 1878 ;

La Serbie, le 5 janvier 1881 ;

La Suisse, le 9 septembre 1886.

2° Le *Luxembourg* n'a conclu aucun traité dispensant directement l'étranger de fournir la caution *judicatum solvi* ; mais il a conclu des conventions relatives à l'assistance judiciaire et dispensant de fournir caution :

Avec la France, le 11 mars 1870 ;

Avec la Belgique, le 18 septembre 1870 ;

Avec l'Allemagne, le 11 mars 1879 ;

Avec l'Italie, le 11 mars 1879 ;

3° *Serbie.* — Les traités conclus par cette nation sont relatifs aux matières de commerce et règlent incidemment la question *judicatum solvi*.

Traité avec l'Italie du 28 octobre 1879 ;

Traité avec l'Autriche-Hongrie du 6 mai 1881 ;

Traité avec la France du 18 janvier 1883 (dénoncé) ;

Traité avec la Belgique du 5 janvier 1885 ;

Traité avec l'Allemagne du 21 avril 1892 ;

Traité avec l'Angleterre du 28 juin 1893.

4° *Pays-Bas.* — Le traité du 17 octobre 1868 avec le duché de Bade, la Bavière, la France, la Hesse et la Prusse décide que les nationaux des pays signataires seraient dispensés de fournir caution devant les tribunaux de la navigation rhénane.

Ce pays a conclu encore un traité relatif à l'assistance judiciaire avec l'Italie le 9 janvier 1884, et avec la Belgique le 31 octobre 1892.

107. 3e GROUPE. — Système de la réciprocité législative :

1° *Allemagne.* — Ce pays a conclu des traités emportant dispense de fournir caution avec :

La République Argentine ;
Le Chili ;
La Colombie, le 23 juillet 1892 ;
Le Congo ;
Costa-Rica, le 18 mai 1875 ;
La République Dominicaine ;
La Grèce ;
Le Guatemala ;
Les îles Sandwich ;
Le Honduras ;
L'Italie, le 18 octobre 1878 ;
Le Mexique ;
Le Paraguay ;
La Russie ,
Le San-Salvador ;
La Serbie, le 9 août 1892 ;
La Suisse ;
Et Zanzibar.

2° *Espagne.* — Traité avec la France du 7 janvier 1862, renouvelé le 6 février 1882 ;

Traité avec le Portugal du 21 avril 1866 ;

Traité avec la Russie du 3 juin 1885 ;

Traités avec la Belgique du 31 mai 1872 et du 25 juillet 1878.

3° *Autriche-Hongrie.* — Traité avec la France du 14 mai 1879 (assistance judiciaire).

Traité avec la Belgique ;

Traité avec l'Italie du 7 décembre 1887 ;

Traité avec la Suisse du 8 janvier 1884, relatif à l'assistance judiciaire ;

Traité avec l'Allemagne du 9 mai 1886.

4° *Russie.* — Traités directs avec l'Italie, le 16 septembre 1863 ;

La Belgique, le 5 janvier 1885 ;

L'Espagne, le 3 juin 1885 ;

L'Allemagne, le 8 mars 1894 ;

Le Japon, le 27 mai 1895 ;

Et la France, le 1er avril 1874 et les 27-15 juillet 1896.

108. — 4e Groupe. — Système basé sur le domicile du demandeur.

La *Roumanie* a conclu un traité avec l'Italie le 13 août 1891.

La *Suisse* en a conclu un avec le Danemark le 10 février 1875.

Par cette énumération, on peut se convaincre que l'obligation de fournir caution est fort limitée, et que la tendance de tous les gouvernements est de faire disparaître les mesures de rigueur qui empêchent la liberté et la multiplication des relations internationales.

---

## CHAPITRE V

### Quand et comment la caution *Judicatum solvi* doit-elle être demandée ?

109. — Dans l'ancien droit, il n'y eut pas tout d'abord de moment précis fixé pour former la demande de la caution ; mais dès l'instant où le défendeur la requérait, on considérait comme compromettant sa sécurité le fait de laisser le demandeur continuer la procédure sans fournir la garantie réclamée [1]. La jurisprudence se modifia sur ce point à la suite de l'ordonnance de 1667 sur la procédure civile. Il est édicté au titre V, article 5 de cette ordonnance, que les fins de non-recevoir et les autres exceptions devaient être employées dans les défenses pour y être préalablement fait droit, c'est-à-dire pour être jugées avant les moyens du fond. Si, en effet, la partie assignée est bien fondée dans ses exceptions, il y a grand intérêt pour elle à remettre à plus tard l'examen du fond du procès.

110. — L'article 166 du Code de Procédure civile dispose : « Tous les étrangers demandeurs principaux ou intervenants seront tenus, si le défendeur le requiert avant toute exception, de fournir caution ». Il résulte de ce texte

(1) Merlin, Rep. loc. cit. § 1, n° 1.

que la caution *judicatum solvi* n'est pas imposée de plein droit à l'étranger demandeur ; mais qu'elle doit être demandée par le défendeur français, et cette demande a lieu sous forme d'exception.

On appelle exception dans le langage juridique un moyen de défense par lequel on repousse une demande, sans la contester directement, jusqu'à l'expiration d'un certain délai ou l'accomplissement de certaines formalités. On a généralement abandonné aujourd'hui la classification des exceptions d'après nos anciens auteurs, pour s'en tenir à l'ordre dans lequel le Code les présente. Si par ses effets la caution *judicatum solvi* est une exception dilatoire, par sa nature, elle ne peut être rangée dans cette catégorie. Que recherche, en effet, le défendeur quand il oppose l'exception de la caution ? Il veut éviter que par une fuite facile l'étranger demandeur ne lui laisse la charge de payer les frais d'un procès qu'il aura gagné ; il demande par suite une garantie qui le dédommagera de cette obligation probable. Mais cette garantie ne sera fournie qu'après l'écoulement d'un temps plus ou moins long : d'où un délai ; effet indirect de l'exception de la caution, tandis que le but principal poursuivi par le plaideur qui oppose une exception dilatoire est précisément l'obtention de ce délai.

111. — C'est au défendeur à opposer cette exception ; c'est une faveur, un privilège que la loi lui confère dans son intérêt exclusif. L'ordre public n'est nullement en jeu ; par suite il n'est pas permis aux juges d'ordonner d'office que cette caution soit fournie.

La législation allemande seule connait une caution, qui

doit être fournie à l'Etat, pour répondre du paiement des frais judiciaires (art. 86 de la loi sur les frais judiciaires et art. 419 du Code de Procédure pénale).

112. — Le défendeur peut renoncer au droit que lui accorde la loi et sa renonciation peut être expresse ou tacite[1].

Il n'est pas besoin d'insister sur la renonciation expresse.

Il y aura renonciation tacite quand le défendeur n'aura pas opposé son exception dès le début du procès *in limine litis*. Il serait contraire à toutes les règles de justice qu'après qu'un étranger aurait longtemps plaidé devant un tribunal, on vînt lui imposer l'obligation de fournir une caution pour éloigner le jugement. Cette solution est d'ailleurs conforme aux dispositions de la loi : « Si le défendeur le requiert avant toute exception ».

113. — Cette disposition « avant toute exception » qui semble très claire, a donné naissance à plusieurs opinions contraires, à raison de termes semblables employés dans les articles 169 et 173 du Code de Procédure civile[2].

L'article 169 porte que l'exception de renvoi pour cause d'incompétence sera proposée, préalablement à *toutes* autres exceptions et défenses ; — et dans l'article 173 on lit que les nullités d'exploit devront être présentées avant *toute exception*, autre que les exceptions d'incompétence.

(1) Boitard, op. cit., n° 344.

(2) Aubry et Rau, loc. cit., note 23.

— Comment concilier ces dispositions qui semblent se disputer le pas ? La question a reçu des solutions diverses.

Selon une opinion, la place occupée par la première exception dont s'occupe le Code, celle de la caution, a été modifiée par celles qui suivent ; et les exceptions d'incompétence et de nullité ont repris le rang de priorité, qui venait d'être imparti à la première, parce qu'il est tout naturel d'examiner avant tout si le juge est compétent et s'il a été saisi régulièrement, la caution ne pouvant être raisonnablement demandée que devant le tribunal qui doit rester saisi de l'affaire. — Si les mots, autres que celles de renvoi et de nullité, ne figurent pas dans le texte de l'article 166 comme cela fut proposé, c'est à la suite d'un oubli, car, si on les eut supprimés à dessein, on eut sans nul doute rectifié les articles 169 et 173 pour faire disparaitre l'antinomie[1]. A notre avis, il n'est pas permis de supposer que le législateur ait voulu renverser son plan à mesure qu'il travaillait à le tracer et à mettre ainsi en conflit les articles d'un Code qui devait être un, aux parties concordantes et homogènes. Il est trop aisé de dire que les mots, autre que celles de renvoi ou de nullité, proposées par le tribunal, ne figurent pas dans le texte définitif à suite d'un oubli du Conseil d'État. Si ces mots ne figurent pas dans l'article 166, c'est que le législateur entendait donner la première place à l'exception de la caution.

(1) Delvincourt, t. 1, p. 27, note 6. — Berriat-Saint-Prix, t. 1, p. 257, note 15. — Pigeau, t. 1, p. 374 et 380. — Duranton, t. 1, n° 163.

114. — On ne peut davantage se rattacher à la seconde opinion.

Quant à nous, dit M. Rodière[1], vu le conflit des textes, nous penserions que ces exceptions, qui sont d'un ordre différent, ne se couvrent pas l'une par l'autre ; qu'ainsi l'exception d'incompétence ou de nullité n'empêche pas que l'on ne puisse exiger plus tard la caution de l'étranger, et qu'à l'inverse la demande de la caution n'empêche pas d'opposer ensuite l'exception d'incompétence ou de nullité, à moins qu'il n'apparut clairement que le défendeur avait demandé la fixation du chiffre de la caution d'après les frais et dommages-intérêts auxquels le procès pourrait donner lieu sur le prix, auquel cas il aurait implicitement reconnu la compétence du tribunal et couvert aussi la nullité de l'exploit. Le mieux est au surplus, pour prévenir toute difficulté, de proposer simultanément ces deux exceptions dans le même acte. — Mais il n'est pas possible au juge de statuer à la fois ou même indistinctement et sur sa compétence et sur la question des frais d'une instance dans laquelle on conteste sa juridiction ; il serait de plus illogique et contradictoire d'autoriser le défendeur à proposer les deux à la fois ou à se servir indistinctement de l'une ou de l'autre.

115. Aussi nous rattacherons-nous à un troisième système. L'ordre dans lequel les exceptions doivent être pro

(1) Rodière, t. 1, p. 312. — Garsonnet, t. 2, n° 302. Carré, t. 1 p. 433. — Huc, t. 1, n° 284. Dalloz, Rep. V° Exceptions, n° 77. Bonnier, Procédure civile n° 869.

posées est indiqué par la place que le code a donné à chacune d'elles. La caution *judicatum solvi* sera la première exception à proposer, parce qu'elle a pour objet d'assurer le recouvrement des frais de toutes les autres exceptions et défenses qui pourraient être employées contre l'action du demandeur. En effet, le défendeur veut-il prétendre que le tribunal devant lequel il a été traduit n'est pas compétent ? Il est possible alors, surtout si l'on agite des questions de domicile, que les débats soient longs et coûteux : Des sommes d'argent, parfois élevées, seront déboursées, dont la rentrée restera fort incertaine, si l'exception de la caution n'a pas précédé l'exception d'incompétence[1].

— On nous objecte alors que nous laissons sans application les dispositions des articles 169 et 173. — Nous dirons que les termes de ces articles visent les exceptions qui suivent dans l'ordre du Code, telles que l'exception dilatoire pour faire inventaire ou délibérer et l'exception de garantie. La loi veut que la caution soit requise avant toute exception : il faut donc interpréter la loi dans le sens qui lui conserve sa volonté. La caution *judicatum solvi* est tout à fait à part, elle laisse subsister tous les droits et tous les moyens du procès ; elle est une sûreté relative aux frais ; il faut donc la requérir dès qu'il y a des frais à faire.

On nous objecte encore qu'il est impossible qu'un juge incompétent sur le fond statue sur la caution. Nous ferons

(1) Demolombe, t. I p. 312. — Bonfils, op. cit. n° 115.
Boncenne, t. 3, p. 200. — Weiss, p. 770.
Baudry-Lacantinerie et Houques-Fourcade : Des Personnes, n° 685.
Gerbaut, n° 70. — Boitard, op. cit. n° 367. — Thomine-Desmazures, t. I, n° 200.

remarquer que ce n'est pas le seul cas où un tribunal incompétent statue sur une mesure accessoire. Ainsi les tribunaux français incompétents pour recevoir une action en divorce entre étrangers ont la faculté d'accorder à l'époux demandeur les mesures provisoires qu'il sollicite, et notamment de lui allouer, s'il le demande, une pension alimentaire. Quel motif s'oppose à ce qu'il n'en soit pas de même pour la caution ?

La jurisprudence des dernières années a résolu la question dans le sens que nous venons d'indiquer[1].

116. — Le projet de réforme du Code de Procédure civile a l'avantage de trancher cette question dans ce sens. L'article du titre des exceptions dispose, en effet, que « tout déclinatoire d'incompétence, même à raison de la matière, doit être opposé préalablement à toutes exceptions et défenses, sauf celle de la caution à fournir par les étrangers. » Donc l'exception de la caution doit être opposée en premier lieu. Cette disposition fait ainsi disparaître l'antinomie apparente des articles 167, 169 et 173.

117. — Mais quel est exactement la phase du procès qu'on ne peut franchir sans perdre le droit d'invoquer l'exception de caution ? La jurisprudence est constante sur ce point. Sera déchu de son droit, le défendeur qui aura posé à la barre du tribunal des conclusions autres que celles par lesquelles il demande la caution. Ainsi la Cour de Pau

(1) Trib. civ. Seine, 2 juin 1886, Clunet, 1886, p. 702. — Trib. com. Marseille, 24 janvier 1896. — Clunet, 1899, p. 535.

a récemment jugé que le défendeur qui demande un délai pour plaider au fond doit être considéré comme ayant renoncé au droit de demander à son adversaire de nationalité étrangère, la prestation de la caution *judicatum solvi*[1]. Il en serait de même si le défendeur avait posé des conclusions de communication de pièces ou des conclusions sur le fond.

118. — Mais si l'exception n'a pas été proposée en première instance, peut-elle être opposée pour la première fois en appel? Deux solutions ont été données à la question.

Pour la négative on fait valoir que l'appel n'est pas une seconde instance, mais seulement la continuation du procès, puisque la loi interdit d'y former aucune nouvelle demande. Il est, en effet, de principe que toute exception qui ne touche pas à l'ordre public ne peut être opposée pour la première fois en appel. Il en est ainsi de l'incompétence *ratione personæ* et des moyens de nullité.

Une seconde opinion admet au contraire que le Français peut réclamer la caution pour la première fois en appel, suivant les distinctions faites au second chapitre de cette étude. La majorité de la doctrine et la jurisprudence sont fixées dans le sens de cette solution qui ne consacre ni l'affirmative ni la négative. Le Français pourra demander pour la première fois la caution en appel, à la condition qu'il

(1) Pau, 23 mai 1893, Clunet 1894, p. 996.

ait été défendeur en première instance et qu'il soit intimé devant la Cour[1].

Mais la caution ne pourra pas être demandée en appel, si c'est l'étranger qui a interjeté cet appel, après avoir joué en première instance le rôle de défendeur, car il ne fait que continuer sa défense. La caution ne sera pas due, si devant les juges du second degré, c'est le Français qui interjette appel, bien qu'il ait été défendeur en première instance, car il ne peut plus se dire attaqué[2]. Dans cette dernière hypothèse, la solution paraît cependant contestable, car on peut dire du Français ce que nous disions de l'étranger : appelant, il ne fait que continuer sa défense. On devrait, par suite, obliger l'étranger à fournir la caution ; mais cette solution présente un inconvénient pratique ; l'étranger qui ne pourra fournir la caution fera défaut devant les juges du second degré. Aussi, la jurisprudence n'autorise-t-elle le Français à demander la caution en appel qu'autant qu'il est défendeur en première instance et intimé devant les juges du second degré.

149. — Le projet de réforme du Code de Procédure civile, dont nous avons déjà parlé, résoud la question : « Le défendeur peut requérir que caution soit fournie

(1) Aubry et Rau, loc. cit., note 24. — Dalloz, rép., v° exception, n° 58. — Boncenne, t. III, p. 179. — Chauveau sur Carré, n° 700. — Baudry-Lacantinerie et Houques-Fourcade : Des Personnes, n° 686. — Gerbaut, n° 71. — Bonfils, op. cit., n° 740. — Chambéry, 24 février 1894. J. Clunet 1896, p. 580. — Paris, 24 avril 1849. D. 1849, 2, 22. — Rouen, 16 mars 1898. J. Clunet, 1899, p. 42.

(2) Paris, 24 avril 1849. D. 1849, 2, 22. — Rouen, 16 mars, 1898. Clunet 1899, p. 112.

même pour la première fois en Cour d'appel s'il est intimé. »

Dans les cas où la caution peut en appel être accordée au défendeur, cette caution ne garantira que les frais résultant de l'appel. Il y a renonciation relativement aux frais de première instance [1].

Ce qui vient d'être dit de l'appel s'applique au pourvoi en cassation et à le requête civile [2].

120. — On a voulu apporter une dérogation aux principes que nous venons d'énoncer dans le cas où le défendeur a été condamné par défaut. On dit que le défendeur qui a fait défaut en première instance n'a pu opposer aucune exception; qu'il entre dans les termes de l'article 166, et pourra demander la caution pour la première fois en appel, et faire comprendre dans sa demande les frais du jugement dont est appel.

Nous estimons au contraire que le défendeur qui a fait défaut et qui, condamné, n'a pas fait opposition au jugement, est coupable d'une négligence, qu'il ne lui est pas permis d'invoquer en vertu du vieil axiome « *Nemo auditur, negligentiam suam allegans* ».

Quelques auteurs ont pris partie pour une opinion intermédiaire. S'ils refusent au défendeur qui a fait défaut en première instance le droit de demander la caution en

(1) Chauveau sur Carré, t. II, quest. 700.
Nancy, 22 juin 1889. D. 1889, 2, 241.

(2) Weiss, p. 773.
Cass. belge, 8 mai et 5 juin 1879. Clunet, 1881, p. 69.

appel pour les frais résultant du premier procès, ils lui permettent de la demander pour les frais et dommages intérêts de l'appel [1].

Mais en appel, comme en première instance, l'exception de la caution doit être opposée *in limine litis*.

121. — Sauf le cas que nous avons signalé dans la loi allemande, toutes les législations font du droit de demander la caution *judicatum solvi* un privilège auquel l'intéressé peut renoncer.

Non seulement les pays du groupe français reproduisent la disposition de l'article 166 du Code de Procédure civile, mais les lois des pays appartenant aux autres groupes exigent que la caution soit demandée au début de l'instance.

Nous avons ainsi répondu à la première question de ce chapitre : quand la caution doit-elle être demandée ?

122. — Voyons maintenant comment elle doit être demandée. La procédure à suivre est très simple. Devant le juge de paix, la caution est demandée verbalement, et comme les frais qu'elle garantit sont minimes, si le magistrat ordonne qu'elle soit remplacée par le dépôt d'une somme d'argent, cette somme sera déposée au greffe, par exeption à la règle énoncée plus haut.

Devant les tribunaux de droit commun, c'est par acte d'avoué à avoué que se fait la demande : par requête grossoyée ne pouvant excéder deux rôles pour une affaire

(1) Demolombe, t. I, nº 258. — Aubry et Rau, loc. cit. note 24.

ordinaire ; par simple acte quand l'affaire est sommaire. On décide même qu'il suffit, comme pour l'exception de communication de pièces, de simples conclusions posées à l'audience et signifiées seulement au cas de contestation du demandeur.

C'est à celui qui demande la caution à prouver que son adversaire est étranger.

123. — Aux termes de l'article 517 du Code de Procédure civile : « Le jugement qui ordonnera de fournir la caution fixera le délai dans lequel elle sera présentée ». Un arrêt de la cour de Paris du 23 janvier 1891 [1] déclare : « Faute par l'étranger demandeur d'avoir fourni la caution dans le délai prescrit, il sera non recevable, quant à présent dans son appel, sans qu'il en résulte d'ailleurs que le jugement attaqué doive dès lors être exécuté suivant sa forme et sa teneur, le défaut de versement étant de nature à entrainer la déchéance, non de l'action elle-même, mais de l'instance ».

Le jugement qui ordonne la prestation de la caution est un jugement préparatoire [2]. Par suite il ne devra pas renfermer de dispositions définitives pour les dépens qui devront suivre le sort de ceux de l'instance principale, à moins qu'il n'y ait eu des contestations mal fondées de la part du demandeur ou du défendeur ; par exemple, au cas où le Français a soulevé à tort l'exception, ou encore au cas où l'étranger a dénié sa nationalité ou constaté qu'il fut tenu

(1) *Revue pratique de droit international privé*, 1890-91, p. 224-1.

(2) Vincent et Penaud, v° caution *jud. sol.*, n° 121.

de fournir caution. Dans ces cas, selon le vœu de l'article 130 du Code de Procédure, la partie qui aura succombé sera condamnée aux dépens, car elle aura occasionné des frais extraordinaires.

Le jugement qui statue sur la caution, bien que préparatoire par rapport au fond du litige, est définitif relativement au point sur lequel il statue, c'est-à-dire sur l'exception, il est donc *hic et nunc* susceptible d'appel, ce qui suspendra l'instance principale.

Il a été jugé par la Cour de Metz que l'étranger qui, après s'en être rapporté à la sagesse du tribunal, aurait consigné le montant du cautionnement et même consenti à y ajouter un supplément, n'en reste pas moins recevable à former appel incident pour obtenir la réformation complète du jugement qui l'a obligé à fournir caution, si le défendeur interjette appel de ce même jugement pour faire élever le chiffre de la caution [1].

124. — Le projet de réforme du Code de Procédure dispose : « Au cours de l'instance, sur la demande de l'une ou l'autre de parties, le tribunal peut modifier l'importance de la somme et la nature de la sûreté fournie ».

(1) Metz, 26 mars 1821. S., chron. D., annoté, 2, 424.

## CHAPITRE VI

### Etendue des obligations de la caution *Judicatum solvi.*

125. — Dans l'ancien droit, la caution *judicatum solvi* contractait l'obligation de payer non seulement l'objet de la condamnation principale, mais encore tous les accessoires, c'est-à-dire les frais du procès et les dommages-intérêts qui auront pu être alloués au défendeur français. Elle ne s'obligeait qu'avec le défendeur ; elle ne pouvait par suite être tenue que des condamnations obtenues par ce dernier. Elle n'assure jamais le paiement des amendes, car celles-ci reviennent au fisc envers lequel elle n'est nullement engagée[1].

126. — De l'article 2040 du Code civil, il résulte que l'on doit appeler légale la caution que l'on doit fournir en vertu de la loi et judiciaire celle qui est ordonnée par un jugement. Quand un jugement condamne l'une des parties à fournir une caution en vertu d'une obligation légale, le cautionnement conserve sa nature primitive et ne devient

(1) Pothier, op. cit., tit. 2, sect. 2, n° 2. — Denisart, loc. cit., § 2, n° 2. — Bacquet, ch. XVII, n° 1. — Demangeat, op. cit., p. 137.

pas judiciaire[1]. La caution *judicatum solvi* que le tribunal ordonne à l'étranger de fournir en vertu des articles 16 du Code civil et 166, 167 du Code de Procédure civile doit par suite être considérée comme une caution légale[2]. Bonnier dit, au contraire, que la caution donnée par l'étranger doit réunir toutes les conditions exigées d'une caution judiciaire[3]. La distinction avait autrefois de l'importance au point de vue de la contrainte par corps. L'article 2040, 2° du Code civil décidait, en effet (la contrainte par corps étant abolie par la loi du 22 juillet 1867, art. 1er), que lorsqu'il y avait lieu à un cautionnement judiciaire, la caution devait être contraignable par corps. Cette différence n'existe plus ; mais la comparaison des articles 2021 et suivants et de l'article 2042 nous en fournit une autre ; tandis que la caution légale jouit du bénéfice de discussion, la caution judiciaire est privée de ce bénéfice.

Avec la majorité des auteurs et pour les raisons exposées plus haut, nous estimons que la caution imposée à l'étranger demandeur est une caution légale.

127. — Cette caution est reçue conformément aux articles 517 et suivants du Code de Procédure civile.

Art. 517. — Le jugement qui ordonnera de fournir caution fixera le délai dans lequel elle sera présentée et celui dans lequel elle sera acceptée ou contestée.

(1) Aubry et Rau. T. 4, p. 678. — Garsonnet. T. 2, n° 302. — Weiss, p. 767. — Surville et Arthuys, p. 432.

(2) Baudry-Lacantinerie et Houques-Fourcade : Des Personnes, n° 687.

(3) Bonnier. T. 2, n° 863.

ART. 518. La caution sera présentée par exploit signifié à la partie, si elle n'a point d'avoué, et par acte d'avoué, si elle en a constitué, avec copie de l'acte de dépôt qui sera fait au greffe, des titres qui constatent la solvabilité de la caution, sauf le cas où la loi n'exige pas que la solvabilité soit établie par titres.

ART. 519. — La partie pourra prendre au greffe communication des titres ; si elle accepte la caution, elle le déclarera par un simple acte ; dans ce cas, ou si la partie ne conteste pas dans le délai, la caution fera au greffe sa soumission, qui sera exécutoire sans jugement, même pour la contrainte par corps, s'il y a lieu à contrainte.

ART. 520. — Si la partie conteste la caution dans le délai fixé par le jugement, l'audience sera poursuivie par un simple acte.

ART. 521. — Les réceptions de cautions seront jugées sommairement, sans requêtes ni écritures ; le jugement sera exécuté nonobstant appel.

ART. 522. — Si la caution est admise, elle fera sa soumission, conformément à l'article 519 ci-dessus.

128. — Mais faut-il, en outre, que la caution fournie remplisse les conditions exigées par les articles 2018 et 2019, c'est-à-dire qu'elle possède des biens suffisants, soit capable de contracter et soit domiciliée dans le ressort de la Cour d'appel ? La doctrine et la jurisprudence sont unanimes à proclamer que les deux premières conditions doi-

vent être remplies. D'après M. Marcadé [1] la volonté du législateur est que l'étranger demandeur, qui ne possède pas en France d'immeubles suffisants, présente, pour répondre de lui, une personne qui en possède, et voilà tout ; en quelque lieu que soit domiciliée la caution, pourvu, bien entendu, que ce soit en France, le défendeur est sûr d'avoir l'indemnité qui pourra lui être due : d'ailleurs, c'est bien moins à l'article 2018 qu'il faut se référer qu'aux lois du 10 septembre 1807 et 17 avril 1882, lesquelles s'occupent d'une caution à donner par un étranger et pour des motifs analogues : *or* ces deux lois, la première par son article 3, la seconde par son article 14, demandent seulement une caution domiciliée en France.

Nous ne croyons pas que ces deux lois citées aient modifié les dispositions générales des articles 2018 et 2019 relativement à la caution *judicatum solvi*, et avec la majorité des auteurs, nous pensons que la caution fournie doit remplir les conditions exigées par les articles 2018 et 2019.

Il a été jugé que la caution pouvait être un étranger [2].

129. — Aux termes de l'article 167 du Code de procédure civile « le jugement qui ordonne la caution fixera la somme jusqu'à concurrence de laquelle elle sera fournie. » Cette somme ne saurait être uniforme et les juges ont pour la fixer un pouvoir souverain d'appréciation.

Il s'agit pour eux d'évaluer les frais et les dommages-intérêts résultant du procès, selon l'expression du Code

(1) Marcadé, t. 4, p. 181.

(2) Dalloz, Rep., V° Exceptions, n° 97, note.

civil, auxquels il (l'étranger demandeur) pourra être condamné, selon le Code de procédure. Cette différence de rédaction avait fait naître une difficulté sur la signification exacte à donner aux mots « dommages-intérêts[1]. »

Tous les auteurs ont cependant reconnu que le Code de procédure civile n'avait nullement dérogé à la règle édictée par le Code civil. Le tribunal fixera la somme du cautionnement en tenant compte de l'espèce de la cause et du montant approximatif de ce que le demandeur devra payer au cas d'insuccès de sa demande. Par suite, outre les dépens on fera entrer dans l'estimation les dommages-intérêts résultant du procès, c'est-à-dire les dommages que le défendeur pourrait éprouver par suite de l'action intentée contre lui.

Si on suppose que le défendeur réclame reconventionnellement des dommages-intérêts dont l'origine ne se rapporte pas au procès actuel, cette contre-prétention ne serait pas recevable parce qu'elle procéderait *ex dispari causa*. De plus, le Français serait alors demandeur et l'étranger défendeur : la caution ne pourrait être réclamée.

130. — Les frais garantis par la caution sont ceux exposés par le défendeur pour répondre à l'action intentée contre lui ; frais qu'il serait obligé de payer à son avoué au cas où son recours contre le demandeur resterait infructueux.

(1) Duranton, t. I, n° 160. — Chauveau sur Carré t. 2, n° 697. — Boncenne, t. 3, p. 189. — Demolombe, t. 1, n° 257. — Baudry-Lacantinerie et Houques-Fourcade : Des Personnes, n° 698. — Bonnier : Procédure civile, n° 862.

131. — La condamnation aux dépens prononcée contre la partie qui succombe, ne comprend pas les droits d'enregistrement d'actes produits par la partie adverse et auxquels est étrangère la partie à laquelle on les a opposés. Néanmoins, les juges appréciateurs du dommage résultant d'une mauvaise contestation et de la réparation due par le contestant, peuvent, sans aucun doute, mettre à la charge de la partie qui succombe, à titre de réparation, les frais d'enregistrement des actes dont l'instance a nécessité la production. Ces frais auraient dû être normalement à la charge de la partie qui a produit les actes [1].

Les amendes qui sont encourues par l'étranger demandeur et qui n'ont pas dû être consignées avant la poursuite de l'instance n'entrent point dans la fixation du cautionnement, car, même en matière civile, l'amende est une peine : c'est le fisc qui en profite, et la caution est due au particulier et non à l'État : *Fidejussores pœnalibus actionibus non astringuntur, in quas inciderint ii pro quibus intervenerunt.* (D. L. 50, tit. 1, loi 17 § 15) [2].

132. — Les juges de première instance doivent-ils comprendre dans leur estimation les frais d'un appel possible ? Selon Coin-Delisle, la loi, par les mots « frais résultant du procès », a entendu parler des frais de première instance et de ceux d'appel : l'éventualité d'un appel doit nécessaire-

(1) Cassation : 9 nov. 1832. S. 1832,-1, 844.
16 août 1860. S. 1861, 1, 16.
3 mars 1863. S. 1869, 1, 228.

(2) Boncenne. T. 3, p. 190.

ment être prévue par les premiers juges et on ne saurait soulever, si elle se réalise, un nouvel incident pour faire augmenter la garantie primitivement donnée par le demandeur. Coin-Delisle ajoute que la caution, une fois fixée, est invariable, qu'il est interdit d'entraver la marche de la procédure pour demander un supplément de garantie.

Nous ne saurions nous rallier à cette opinion, car si l'appel est possible, il peut également arriver que la solution donnée à la contestation par les premiers juges soit la dernière ; dans ce cas, pourquoi imposer à l'étranger l'obligation de fournir une caution qu'il lui sera parfois difficile de trouver à raison du degré de solvabilité élevée qui lui est nécessaire, et nous ne voyons pas qu'il soit interdit de faire une demande nouvelle pour exiger un supplément de garantie. Il sera de plus très difficile au juge d'obtenir, au début du procès, tous les frais auxquels la contestation pourra donner lieu, et par suite de fixer d'une manière raisonnable la quotité de cautionnement. Aucun texte de loi ne permet de dire que l'estimation du cautionnement est définitivement arrêtée dès qu'elle est faite. Rien ne s'oppose à ce que durant le cours du procès, le juge ordonne qu'un supplément soit fourni si des incidents inattendus surviennent, ou quand les frais d'une longue instruction encore inachevée ont épuisé la somme fixée. Dans l'intérêt même de l'étranger, il doit en être ainsi ; car, si les juges ne pouvaient plus revenir sur leur décision, ils seraient obligés d'élever la somme pour laquelle une caution doit être présentée bien au-dessus de ce qui pourrait être nécessaire. Aussi la fixation de la caution peut n'être que provisoire [1].

133. — A la différence de notre législation, l'article 104 3e du Code de Procédure civile allemand a prévu le cas dans ces termes : « S'il est établi au cours du procès, que la caution fournie n'est pas suffisante, le défendeur peut exiger un supplément. » C'est, à notre connaissance, la seule disposition législative existant sur ce point particulier.

Beaucoup de législations adoptent le principe de la loi française, en étendant l'obligation de la caution aux frais du procès et aux dommages-intérêts. Rentrent dans cette catégorie la Belgique, le Luxembourg, le canton du Tessin, Monaco, la Grèce, les Pays-Bas, la Suède, la Roumanie et le canton de Genève.

D'autres ont limité l'obligation de la caution aux seuls frais résultant du procès. Ont adopté ce système : la Bulgarie, la Serbie, l'Allemagne, l'Autriche, la Hongrie, la plupart des cantons suisses, la Colombie, la République argentine et le Brésil.

134. — La requête civile et le pourvoi en cassation, constituant des voies de recours extraordinaires, une nouvelle garantie devra être fournie au cas où elles se produiraient.

(1) Chauveau sur Carré, t. II, quest. 708. — Vincent et Penaud, loc. cit., n° 163. — Baudry-Lacantinerie et Houques-Fourcade : Des Personnes, n° 689. — Metz, 13 mars 1821, S. chron. — Bonnier, op. cit., n° 862. — Garsonnet, t. II, n° 302. — Thomine-Desmazures, t. I, n° 201. — Contrà, Boitard, t. I, n° 348.

135. — La caution n'est déchargée que par un jugement rendu en dernier ressort ou par le paiement des frais et dommages-intérêts.

Nous avons ainsi terminé l'étude du fonctionnement de la caution *judicatum solvi*.

## CHAPITRE VII

### Conférences internationales relatives à la caution *judicatum solvi*.

136. — Après avoir étudié l'état actuel des législations, nous allons examiner les tendances des législateurs et des jurisconsultes sur la question qui nous occupe.

137. — Nous avons déjà dit que plusieurs législations avaient purement et simplement supprimé la caution *judicatum solvi*. Les pays qui sont entrés dans cette voie sont : l'Italie, le Portugal, le Danemark, le Monténégro, la Norwège, le canton d'Appenzell (Suisse), le Congo et la colonie de Victoria (Australie).

138. — La législation belge tend à la suppression. Le projet du nouveau Code de Procédure civile contient une disposition expresse qui dispense l'étranger de fournir caution. « Nous n'avons pas, dit M. Allard dans son rapport, maintenu les mêmes règles sur la caution à fournir par les étrangers. Cette institution n'est plus en rapport avec les principes du droit des gens moderne ». La même idée était exprimée par M. Laurent dans le commentaire de l'article 50 du projet du Code civil : « Jadis, l'étranger ne jouissait pas du droit d'ester en justice. Le Code Napo-

léon le soumet à des règles exceptionnelles de rigueur et de défiance. Ces exceptions sont abolies par le Code de Procédure belge. Les étrangers sont mis sur la même ligne que les nationaux ».

139. — Dans l'article 118 du projet de Code civil brésilien. M. le conseiller d'État Nabuco propose l'abolition complète de la caution *judicatum solvi*.

140. — Mais le plus grand progrès accompli dans la voie des idées libérales est dû aux travaux de jurisconsultes éminents, tels que MM. Asser et Mancini, et aux conférences internationales tenues dans ces dernières années.

141. — Dès 1873, le ministre des affaires étrangères des Pays-Bas, M. le baron Gericke de Hercoynen, conviait les divers gouvernements à une conférence internationale ayant pour but de régler les conditions légales de l'exécution réciproque des jugements étrangers dans les différents pays. L'auteur de cette proposition disait que le meilleur moyen d'arriver au but poursuivi était non d'assimiler les jugements rendus en pays étrangers aux jugements rendus dans le territoire, ce qui serait violer parfois le lois du pays où le jugement serait exécuté ; ni de conclure des traités, qui seraient impossibles quand les législations des deux pays seraient opposées, mais bien l'adoption par les puissances intéressées de règles uniformes qui seraient la résultante des dispositions généralement adoptées par les législations modernes. Le but de

la conférence internationale serait de procéder à la rédaction de ces règles générales, qui feraient ainsi disparaître le conflit des lois civiles et commerciales des divers pays, en même temps que les mesures de rigueur et de défiance qui pèsent sur les étrangers. Il ne resterait plus que l'approbation des gouvernements et la mise en vigueur de ces règles. On arriverait ainsi non à un code international unique, mais à un ensemble de lois parfaitement concordantes sinon identiques [1].

Cette proposition reçut partout un accueil favorable, mais quelques puissances, tout en se déclarant sympthathiques au projet, se virent néanmoins empêchées par des considérations d'une nature spéciale d'accepter l'invitation à la conférence qui par suite ne put avoir lieu.

142. — Cette idée fut reprise par une association de jurisconsultes, agissant dans un but purement spéculatif, *l'Institut de droit international* ». Du vote émis et adopté par la majorité de ses membres à la session de Genève, 1876 [2] il résulte que l'Institut préparerait tout d'abord le projet d'un traité international ; ce projet serait soumis à une conférence internationale, formée par les délégués des différents pays, munis de certains pouvoirs par leurs gouvernements respectifs ; enfin, la conférence rédigerait officiellement les règles auxquelles pourraient adhérer les diverses puissances.

Cette façon de procéder fut suivie pour la caution *judica-*

(1) Clunet, 1874, p. 161.

(2) *Annuaire de l'Institut de droit international*, 1877, p. 123.

*tum soli*. Sur la proposition de M. Asser, l'Institut de droit international adoptait, à la session de Zurich, le 10 septembre 1877, la rédaction suivante : « L'étranger sera admis à ester en justice aux mêmes conditions que les regnicoles [1] ».

Cette proposition avait un grave inconvénient ; elle n'atteignait pas complètement le but proposé. En effet, l'étranger se serait trouvé dans l'obligation de fournir une caution, quand il intenterait un procès dans un pays dont la législation exigerait cette garantie de ses nationaux, comme par exemple l'Autriche, certains cantons suisses, ou quelque législations américaines. Nous verrons plus loin quel fut le sort de cette proposition.

143. — En 1881, le gouvernement italien donna communication aux autres puissances d'un mémoire rédigé par le ministre, M. Mancini, et contenant des arguments en faveur d'une entente internationale, sur la solution à donner aux conflits de droit par rapport aux personnes, aux choses et aux actes.

Les conventions à conclure devaient même, d'après l'illustre jurisconsulte, embrasser un règlement général et systématique des rapports juridiques. Les négociations qui suivirent dans le but de provoquer la réunion d'une conférence internationale, chargée de préparer l'œuvre projetée par M. Mancini, n'eurent pas le résultat désiré ; toutefois, il est aisé de se convaincre par la lecture du Livre Vert,

(1) *Annuaire de l'Institut de droit international*. 1878, pp. 44, 45 et 150.

publié par le gouvernement italien, le 28 juin 1885, que sa proposition ne rencontra nulle part des objections touchant le principe même d'un accord sur les matières de droit international privé et sur l'exécution des jugements.

144. — A la suite du Congrès sud-américain de droit international privé, tenu à Montévidéo du 25 août 1888 au 18 février 1889, sept traités furent conclus sur les matières les plus diverses du droit international. Les Etats représentés au Congrès étaient la République Argentine, l'Uruguay, le Paraguay, le Brésil, le Chili, le Pérou et la Bolivie. On ne doit point s'étonner de cette entente si l'on considère qu'il n'y a guère d'antagonisme entre les législations hispano-américaines qui ont une origine commune[1].

Nous arrivons maintenant aux conférences de la Haye, que l'on doit considérer comme très importantes pour les progrès du droit international privé.

145. — La première de ces conférences fut tenue du 12 au 17 septembre 1893. Treize Etats d'Europe s'y firent représenter, ce sont :

L'Allemagne ;

L'Autriche-Hongrie ;

La Belgique ;

Le Danemark ;

L'Espagne ;

La France ;

L'Italie ;

(1) Revue de droit international, p. 217 et suiv., 561 et suiv.

Le Luxembourg ;

Les Pays-Bas ;

Le Portugal ;

La Roumanie ;

La Russie ;

Et la Suisse.

A raison de son étendue, la matière de la procédure fut laissée de côté d'une manière générale. On s'occupa seulement de la communication des actes judiciaires aux personnes qui se trouvent en pays étrangers, et de l'exécution des commissions rogatoires.

Un protocole fut signé le 27 septembre 1893, aux termes duquel les délégués reconnaissaient l'utilité d'une conférence ultérieure pour arrêter définitivement le texte des règles insérées dans le protocole, et aborder en même temps l'examen d'autres matières du droit international privé sur le choix desquelles les cabinets se seraient mis préalablement d'accord. Cette conférence devait, suivant les vœux exprimés par les gouvernements, avoir lieu dans le courant de l'été suivant.

146. — Conformément à ces vœux, la conférence se réunit à la Haye le 25 juin 1894. Les États désignés plus haut se firent de nouveau représenter. A cette liste, il faut ajouter la Suède et la Norvège.

Cinq commissions se partagèrent l'étude des questions à examiner. La troisième commission se composait de MM. Asser (Pays-Bas), président de la conférence, de Seckendorff (Allemagne), Beeckmann (Belgique), Beichmann (Norwège) et Roguin (Suisse). M. le baron de

Seckendorff fut nommé président de cette commission : M. Roguin rapporteur.

147. — En ce qui concerne la caution *judicatum solvi*, la base des travaux de la commission fut l'avant-projet dû à M. Asser, avant-projet dont nous avons parlé.

Après avoir passé en revue l'état des diverses législations et les traités existant sur la matière, reprenant les idées par lui émises en 1875, M. Asser ajoute : « Il est temps que la caution *judicatum solvi* disparaisse entièrement. L'obligation de fournir cette caution constitue une atteinte non justifiée et peu logique en principe à l'égalité de droits entre étrangers et regnicoles : c'est incontestablement une grave entrave au droit d'ester en justice, non seulement à cause des dépôts d'argent auxquels elle oblige le demandeur, mais surtout par les lenteurs qui peuvent être la conséquence des débats préliminaires auxquels elle donne lieu et qui souvent ouvrent un vaste champ aux chicanes des défendeurs.

« Il est vrai qu'une personne, attaquée en justice par un demandeur insolvable, peut, même en obtenant gain de cause, souffrir un dommage par le fait que son adversaire, condamné aux dépens, n'est pas en état de les payer ou soustrait ses biens à l'exécution du jugement.

« Mais ce fait peut se produire tout aussi bien quand le demandeur est un compatriote que lorsque c'est un étranger.

« Seulement, — et voilà bien le véritable motif des lois qui imposent aux demandeurs étrangers l'obligation de fournir la caution *judicatum solvi*, — la fortune du demandeur étranger se trouvant le plus souvent dans un autre pays que celui du juge qui a prononcé le jugement et ce jugement n'étant pas exécutoire dans la plupart des cas dans le pays du demandeur étranger, celui-ci pourrait trop facilement se soustraire au paiement du procès intenté par lui-même.

« En proposant pour écarter cet inconvénient l'adoption du système de l'exécution internationale des jugements, comme mesure d'une application générale, on risquerait de ne pas atteindre le but ou du moins de perdre beaucoup de temps.

« Mais je me suis demandé si le motif qui fait exiger la caution *judicatum solvi* ne perdrait pas sa force, si le jugement rendu sur la demande d'un étranger était déclaré exécutoire dans la patrie du demandeur, pour ce qui concerne la condamnation de ce demandeur au paiement des frais et des dommages-intérêts résultant du procès.

« Même les États qui refusent d'admettre le système de l'exécution des jugements étrangers ou qui ne l'admettent qu'en vertu de conventions spéciales avec un petit nombre d'autres États, ne peuvent pas avoir de scrupules quand il s'agit simplement de déclarer exécutoires sur leur territoire des condamnations aux frais du procès, et aux dommages-intérêts résultant du procès prononcés contre celui qui a intenté une action devant un tribunal étranger. Il n'est pas juste que le demandeur même par qui le tribunal étranger a été saisi du procès puisse, après coup, se soustraire à l'exécution du jugement en invoquant l'extranéité du juge.

« C'est sur cette considération que sont basés les projets suivants concernant la procédure civile :

*1er Avant-projet d'une convention internationale sur l'assimilation des étrangers aux nationaux par rapport à la procédure civile.*

Art. 1er. — Les sujets de chacun des États contractants seront admis à ester en justice dans tous les États contractants aux mêmes conditions que les regnicoles.

Art. 2. — Par application de la règle sanctionnée dans l'article 1er, les sujets de chacun des États contractants, plaidant devant les tribunaux d'un autre État contractant, seront dispensés de toute caution ou dépôt qui, sous quelque dénomination que ce soit, pourrait, aux termes de la législation de l'État où l'action est introduite, être exigée d'eux en leur qualité d'étranger.

Art. 3 et 4. — (Relatifs à l'assistance judiciaire).

Art. 5. — Les condamnations aux dépens du procès ou au paiement des dommages intérêts, prononcées dans un État contractant contre un sujet d'un autre État contractant, dispensé en vertu de la disposition de l'article 2 de fournir une caution ou de faire un dépot, qui, aux termes de la législation de l'État où l'action est introduite, eut pu être exigée de lui en sa qualité d'étranger, pour assurer le paiement de ces dépens ou de ces dommages-intérêts, seront rendues exécutoires dans l'État auquel ressortit cet étranger, par l'autorité compétente de cet État, sous les conditions et dans les formes établies par la législation de cet État, mais sans révision du fond de l'affaire.

*2e Avant-projet de convention internationale sur la caution* judicatum solvi.

Les articles 1 et 2, uniques, de cet avant-projet reproduisent textuellement les articles 2 et 5 du premier avant-projet.

*3e Avant-projet de convention internationale sur l'Assistance judiciaire gratuite.*

Art. 3. — L'admission au bénéfice de l'assistance judiciaire gratuite entraîne de plein droit la dispense de toute caution ou dépôt..... (comme plus haut).

Art. 4. — Reproduction de l'article 5 du premier avant-projet. « Chaque État sera donc libre de régler la procédure d'exequatur comme il l'entendra.

« Si ma proposition est adoptée, il s'en suivra non seulement que la caution *judicatum solvi* disparaîtra sans le moindre inconvénient, mais en même temps que le bénéfice du *Pro Deo* pourra dans tous les pays contractants être accordé aux étrangers d'une manière vraiment efficace et sans être dans la plupart des cas rendu illusoire par l'obligation imposée à l'indigent de fournir caution ».

148. — La commission écarta le premier avant-projet de M. Asser, pour s'en tenir seulement au second et au troisième, voulant faciliter par cette limitation l'adhésion des divers États.

Adoptant les idées de M. Asser, la commission supprime la caution *judicatum solvi* tant pour la garantie des frais et dépens que pour l'allocation des dommages-intérêts prononcés par le jugement. Mais elle fait une distinction entre ces deux éléments quand il s'agit de l'exécution d'un jugement étranger, craignant que la trop grande étendue de ses propositions n'empêchât les gouvernements de s'y rallier. Elle prenait en considération le petit nombre de lois permettant d'exiger la caution pour les dommages intérets. C'est seulement en ce qui concerne les frais et dépens que la condamnation serait déclarée exécutoire. L'autorité chargée de statuer sur l'exécution du jugement n'aura qu'à examiner si le document produit a bien les caractères d'un jugement et est authentique. Elle n'aura pas à se préoccuper de vérifier la compétence du tribunal qui aura prononcé. C'est, en effet, le demandeur primitif qui est le seul défendeur possible contre la demande d'exequatur, et il n'existe aucun motif pour lui permettre de critiquer la compétence d'une juridiction qu'il a lui-même choisie.

La commission a été d'avis de supprimer, sans conditions de réciprocité ou autre, seulement la caution motivée, soit par la nationalité étrangère, soit par le domicile ou la résidence de l'intéressé à l'étranger. La garantie exigible des nationaux comme des étrangers et dont la seule raison est le défaut de solvabilité, pourrait continuer à être réclamée des ressortissants des Etats signataires de la convention.

La commission reconnaît que son système présente une légère anomalie, puisque dans les pays où la caution est requise à raison du défaut de domicile dans le ressort, l'étranger se trouvera mieux traité que le national dans ces Etats. Nous n'insisterons pas sur cette question qui ne présente plus d'intérêt aujourd'hui, les deux législations consacrant le système de la caution basée sur l'insolvabilité ayant disparu, ainsi que cela a été dit plus haut.

A la suite de ces discussions, voici le texte de la proposition élaborée par cette commission, relativement à la caution *judicatum solvi*.

Article premier. — Aucune caution ni dépôt, sous quelque dénomination que ce soit, ne peut être imposée, à raison, soit de leur qualité d'étrangers, soit du défaut de domicile ou de résidence dans le pays, aux nationaux d'un des États contractants plaidant comme demandeurs ou intervenants devant les tribunaux d'un autre de ces États.

Art. 2. — Les condamnations aux frais et aux dépens du procès, prononcées dans un des États contractants contre le demandeur ou l'intervenant dispensé de la caution ou dépôt en vertu, soit de l'article Ier, soit de la loi de l'État où l'action est intentée, seront rendus exécutoires dans chacun des autres États contractants par l'autorité compétente, d'après la loi du pays pour connaître des demandes d'exequatur des décisions étrangères.

Art. 3. — L'autorité compétente ne fera porter son examen que sur les points suivants :

1° Si, d'après la loi du pays où la condamnation a été prononcée, l'expédition de la décision réunit les conditions nécessaires à son authenticité ;

2° Si, d'après la même loi, la décision est passée en force de chose jugée.

149. — La même commission s'occupa également de l'Assistance judiciaire gratuite. Il y eut unanimité pour

déclarer qu'à ce point de vue, il fallait proclamer l'égalité des étrangers et des nationaux, et que l'admission à l'assistance emportait dispense de fournir la caution *judicatum solvi*, mais cette caution seule. Voici le texte adopté par cette commission dans la proposition relative à l'assistance judiciaire.

ART. 4. — Aucune caution ni dépot, sous quelque dénomination que ce soit, ne peut être imposée, à raison, soit de leur qualité d'étrangers, soit du défaut de domicile ou de résidence dans le pays, aux étrangers qui ont obtenu le bénéfice de l'assistance judiciaire.

150. — Quel est le caractère de la conférence de La Haye ? M. Asser répond à la question dans son discours d'ouverture.

« Quelques Etats, en acceptant l'invitation du gouvernement des Pays-Bas, ont cru devoir constater que les résolutions de la Conférence ne sauraient engager les gouvernements.

« Cette manière de voir est parfaitement exacte. Notre mandat n'implique que l'examen des questions qui nous sont soumises et la rédaction de projets qui nous semblent propres à résoudre les conflits de droit. Nous ne saurions en aucune façon préjuger les décisions des gouvernements ni par rapport au fond de ces projets, ni en ce qui concerne la forme. »

Et dans le discours de cloture, M. Asser ajoutait : « Mais d'un autre côté nous devons tous souhaiter que notre travail ne conserve pas un caractère platonique ;

nous espérons qu'il portera des fruits dans l'intérêt du droit et de la société ».

151. — Ces vœux ont été réalisés. Un traité destiné à établir des règles communes concernant plusieurs matières de droit international privé et de procédure civile a été signé à La Haye le 14 novembre 1896 par les pays suivants : Belgique, Espagne, France, Italie, Luxembourg, Pays-Bas, Portugal, Suède.

L'article 1er adopté par la conférence subit une légère modification. Pour être dispensé de la caution, l'étranger demandeur ou intervenant doit être domicilié dans l'un des États signataires de la convention.

Voici le texte définitif de ce traité :

Art. 11. — Aucune caution ni dépôt, sous quelque dénomination que ce soit, ne peut être imposé, à raison soit de leur qualité d'étrangers, soit du défaut de domicile ou de résidence dans le pays, aux nationaux d'un des États contractants, ayant leur domicile dans l'un de ces États, qui seront demandeurs ou intervenants devant les tribunaux d'un autre de ces États.

Art. 12. — Les condamnations aux frais et dépens du procès, prononcées dans un des États contractants contre le demandeur ou l'intervenant dispensé de la caution ou du dépôt, en vertu soit de l'article 11, soit de la loi de l'État où l'action est intentée, seront rendues exécutoires dans chacun des autres États contractants par l'autorité compétente d'après la loi du pays ».

On a supprimé à l'article 2, adopté par la Conférence, les

mots « pour connaître des demandes d'exequatur des décisions. »

Art. 13. — Reproduction fidèle de l'article 3 de la Conférence.

Un protocole additionnel fut ajouté à cette convention le 22 mai 1897 :

« Il est bien entendu que les nationaux d'un des États contractants, qui aurait conclu avec un autre de ces États une convention spéciale d'après laquelle la condition du domicile, contenue dans l'article 11, ne serait pas requise, seront, dans les cas prévus par cette convention spéciale, dispensés, dans l'État avec lequel elle aura été conclue, de la caution ou du dépôt mentionnés à l'article 11, même s'ils n'ont pas de domicile dans un des États contractants. »

L'Allemagne et l'Autriche-Hongrie ont adhéré à cette convention le 9 novembre 1897, le Danemark, le 18 décembre, la Russie et la Roumanie le 19 décembre de la même année.

Cette convention aura une durée de cinq ans, à dater du jour où la majorité des hautes parties contractantes aura effectué le dépôt des ratifications.

Elle sera renouvelée tacitement de cinq en cinq ans, sauf dénonciation au moins six mois avant l'expiration de ce terme par l'une des parties.

La dénonciation ne produira son effet qu'à l'égard du ou des pays qui l'auront notifiée. La convention restera exécutoire pour les autres États.

Le traité du 14 novembre 1896 et le protocole additionnel

du 22 mai 1897 ont reçu en France l'approbation législative par les lois du 4 février 1899 et du 31 mars 1899 [1].

(1) *Journal officiel*, 7 février 1899, 9 avril 1899, Décret du 16 mai 1899 : J. O. du 19 mai 1899. — Sur les travaux préparatoires de ces deux lois,
Annexes de la Chambre des Députés, année 1898, p. 359, 1375.
— — 1899, p. 879, 938.
Débats de la Chambre des Députés, 1899, p. 836, 1019, 1084.
Annexes du Sénat, 1899, p. 57, 129, 132.
Débats du Sénat, 1899, p. 37 et 73.

# CONCLUSION

152. — Jusqu'ici l'interprétation rigoureuse de la loi a été l'objet de cette étude ; nous pourrons maintenant, en connaissance de cause, donner notre appréciation sur la mesure édictée par l'article 16.

La caution *judicatum solvi* nous paraît constituer une entrave sérieuse à l'exercice du droit naturel d'ester en justice, à raison, soit des difficultés que peut avoir l'étranger à trouver une caution ou une somme à consigner, soit des lenteurs qu'entraîne sa procédure.

On justifie la caution *judicatum solvi* en invoquant la possibilité pour l'étranger de se soustraire par la fuite à l'exécution des condamnations qu'il aura encourues. Mais le Français ne peut-il pas également disparaître ? A-t-il forcément en France un domicile auquel il est irréductiblement attaché ? Et en supposant qu'il reste en France, ne peut-il pas se trouver sans ressources ? Le défendeur ne sera-t-il pas dans ce cas obligé de supporter les frais d'un procès qu'il aura gagné ? Pourquoi alors ne pas imposer à cet insolvable, d'autant plus dangereux qu'il sera sans ressources, l'obligation de fournir une garantie ? Cela empêcherait, dit-on, les Français indigents de faire valoir leurs droits en justice. Cette raison qui nous paraît décisive peut également s'appliquer aux étrangers dont les droits méritent protection. Il y a donc une inconséquence dans les moyens mis en œuvre par le législateur pour protéger les défendeurs français.

153. — D'autre part, pourquoi n'exiger une garantie que du demandeur ? Le défendeur ne fait-il pas courir plus de dangers au Français ? Au cas de fuite de l'étranger défendeur, le Français demandeur ne perdra-t-il pas, outre les frais du procès, le montant même de sa demande ? Puisque le législateur voulait accorder une garantie à son national, il aurait dû, semble-t-il, instituer cette protection dans les cas où les dangers les plus considérables étaient courus.

Mais exiger la caution *judicatum solvi* du défendeur serait, répondent les partisans de cette institution, entraver le droit naturel de la défense. Le rôle de demandeur est, il est vrai, considéré avec moins de faveur ; faut-il en conclure qu'il n'est pas de droit naturel, et que le but de l'étranger demandeur est de venir troubler le Français ? Nous ne pensons pas que la faculté de faire reconnaître en justice un droit méconnu ou violé soit moins digne de protection que le fait de se défendre contre une action tendant aux mêmes fins. De plus, tout étranger qui possède des biens n'engagera pas un procès qui peut les compromettre, car il sait que le Français pourra, s'il le veut, poursuivre sur ces biens, même en pays étranger, le remboursement des frais qu'il aura supportés.

154. — Les distinctions établies par la loi n'étant pas, à notre avis, justifiées, nous estimons que la caution *judicatum solvi* est une mesure injuste qui devrait disparaître de nos codes.

Notre conviction sur la suppression de l'article 16 est fortifiée par ce fait que les partisans même de la caution *judicatum solvi* considèrent cette mesure comme trop rigoureuse telle qu'elle est organisée et voudraient que l'on ajoutât aux cas de dispense déjà existants les motifs d'exemptions suivants : la longue résidence ou le domicile de fait en France, la possession d'un établissement industriel ou commercial, l'admission à l'assistance judiciaire, la poursuite fondée sur un titre exécutoire ou la réparation d'un préjudice résultant d'une infraction pénale[1].

D'autres auteurs désirent voir accorder au juge le plus large pouvoir d'appréciation sur la solvabilité du demandeur. La possession d'une fortune mobilière devrait offrir une sécurité suffisante pour emporter dispense de fournir caution.

155. — A ces systèmes, qui, en résumé, consistent à

(1) Revue politique et parlementaire, 2e année, 5 juillet 1895, p. 335. — J. Clunet, 1898, p. 842 et suiv.

maintenir un principe pour le détruire plus tard en y apportant des restrictions successives, nous préférons une solution beaucoup plus nette : la disparition de nos codes d'une institution, bonne peut-être il y a un siècle, mais incontestablement en désaccord avec l'esprit de fraternité et le besoin de rapprochements qui dominent la vie des nations contemporaines.

# TABLE DES MATIÈRES

Vu :

*Le Président de la thèse,*

M. HOUQUES-FOURCADE.

*Vu : Le Doyen,*

J. PAGET.

*Vu et permis d'imprimer :*

Toulouse, le 28 mai 1900.

*Le Recteur,*
*Président du Conseil de l'Université.*

LECLERC DU SABLON



Toulouse. — Imprimerie MARQUÈS et Cie, boulevard de Strasbourg, 22.

www.ingramcontent.com/pod-product-compliance
Ingram Content Group UK Ltd.
Pitfield, Milton Keynes, MK11 3LW, UK
UKHW021051260726
13994UKWH00002B/509